# ESSAI

# SUR L'ORGANISATION

DE

## LA FAMILLE ET DE LA PROPRIÉTÉ

SOUS

## LA RÉPUBLIQUE DÉMOCRATIQUE,

LE MANS. — IMPRIMERIE DE JULIEN, LANIER ET Cᵉ.

# ESSAI

# SUR L'ORGANISATION

DE

## LA FAMILLE ET DE LA PROPRIÉTÉ

SOUS

## LA RÉPUBLIQUE DÉMOCRATIQUE

---

## RÉFORME DU CODE CIVIL

---

### PAR CH. DE SAINT-CHEREAU

DOCTEUR EN DROIT, AVOCAT

> C'est sur le maintien des propriétés que reposent la culture des terres, toute production, tout moyen de travail, et tout ordre social.
>
> (*Déclaration des devoirs de l'homme et du citoyen.* Constitution de l'an III.)

## PARIS

JULIEN, LANIER ET C°, ÉDITEURS

RUE DE BUSSY, 6

1849

1848

# ESSAI

# SUR L'ORGANISATION

## DE LA FAMILLE ET DE LA PROPRIÉTÉ

### SOUS LA RÉPUBLIQUE DÉMOCRATIQUE.

### RÉFORME DU CODE CIVIL.

———

Tout système politique, toute organisation des pouvoirs sociaux doit réagir immédiatement sur la constitution de la famille et de la propriété. A tout progrès de la société correspond un progrès dans les principes qui régissent la propriété et la famille; le droit privé suit invariablement le développement du droit public; l'organisation des institutions civiles est inséparable de celle des institutions politiques.

Prenez au hasard un état aristocratique, vous ne rencontrerez pas seulement l'inégalité, l'oppression dans les formes du gouvernement, dans la séparation des classes de citoyens : vous verrez encore l'aristocratie modifier profondément la famille, la propriété, les contrats, la procédure, toutes les relations sociales, introduire partout les distinctions, l'asservissement, le privilége, conditions indispensables de son existence et de sa durée.

C'est là une observation que confirme l'étude de notre ancienne législation française. Le clergé, la noblesse, le tiers-état, ne sont pas seulement des éléments divers du pouvoir social; ils occupent encore un rôle actif dans

1

l'organisation de la famille et de la propriété. Notre ancienne société est dans toutes ses parties revêtue d'une empreinte aristocratique et sacerdotale.

Les ecclésiastiques sont exempts de toutes les charges civiles comme de toutes les charges publiques. Ceux qui ont prononcé des vœux solennels dans un ordre religieux cessent d'avoir une famille; leur individualité s'anéantit dans l'être moral, dans la communauté; ils ne peuvent plus être propriétaires, passer des contrats, recueillir des successions; leur hérédité est ouverte, et leur testament reçoit son exécution.

Quant aux nobles, ils ne succèdent pas comme les autres citoyens : le *préciput légal*, la *garde*, les *gains de survie* entre conjoints leur sont presque exclusivement réservés. Dans la vie civile comme dans la vie publique, la capacité du roturier est inférieure à celle du noble : il ne peut, par exemple, posséder un fief. La bâtardise elle-même n'a pu échapper à la loi du privilége; les bâtards des rois sont princes; ceux des princes sont gentilshommes; jusqu'à Henri IV les bâtards de nobles jouissent des mêmes droits que les enfants légitimes; les bâtards des roturiers sont serfs.

Le droit commun ne régit que les roturiers, mais l'on trouve encore souvent parmi eux des inégalités. La bourgeoisie achète aux dépens de sa richesse naissante quelques parcelles de priviléges, et tend à s'élever près des deux autres ordres par les parlements qui répudient leur origine plébéienne.

Au-dessous de tous gît dans une position misérable le serf, la main-mortable, et sous cette désignation il faut comprendre l'aubain, l'épave, le bâtard, la plèbe presque tout entière. L'homme de main-morte n'est plus un esclave, mais ce n'est pas encore un homme libre : il n'a jamais eu d'existence juridique; jamais il ne lui a été donné de jouir de la vie civile. Lui et sa postérité sont condamnés à traîner perpétuellement la charrue dans le champ du seigneur. Il fait partie de la glèbe, et la prêtrise même ne peut l'en affranchir. Non seulement il est taillable, corvéable à merci, mais il lui est encore défendu d'épouser une personne qui ne soit pas de sa condition ou qui relève d'une autre seigneurie. Enfin si, dans le cours d'une existence pénible, abrutie, le serf a ramassé quelques deniers que son maître lui a laissés par charité, il ne pourra les transmettre à des successeurs de son choix.

Le clergé fait passer toute l'Europe sous son joug, usurpe l'administration de toutes les affaires temporelles. Il pose les bases de la famille, devient le seul officier de l'état civil. Le mariage ne reste pas ce qu'il avait toujours été : un contrat; il n'existe qu'à la condition de la bénédiction nuptiale : c'est un sacrement. En face du prêtre se font aussi les fiançailles : ce sont les officiaux qui connaissent de la validité des mariages; ce sont les conciles qui règlent et multiplient à l'infini les empêchements; ce sont enfin les évêques et le pape qui accordent les dispenses.

Sous la bienfaisante influence du christianisme, les principes constitutifs de la famille se sont améliorés. La puissance paternelle et la puissance maritale ne sont plus un droit, un pouvoir : le père n'est plus propriétaire de ses enfants, ni le mari de sa femme. La protection a remplacé l'oppression. Les liens du sang, dont les législations antiques n'avaient pas toujours fait la base de la famille, reprennent peu à peu leur empire. Le concubinat et le divorce, si contraires aux intérêts de la femme, ont disparu.

Toutefois, l'égalité civile est loin encore de régner. Pour perpétuer la grandeur avec la richesse dans cette caste qui couvre le sol de ses châteaux, la loi consacrera les plus criantes injustices; dans la succession des fiefs, les mâles excluront les femmes en ligne collatérale; les père et mère, en dotant leur fille, lui imposeront la renonciation à leur hérédité comme condition de leur consentement à son mariage; quelques coutumes viendront même déclarer que toute fille mariée et dotée est exclue de plein droit des successions paternelle et maternelle, *n'eût-elle reçu qu'un chapeau de roses.*

L'aîné des mâles est destiné à soutenir la splendeur de la famille. A lui *le principal manoir* et *le vol du chapon;* à lui *le nom de seigneur; le cri et les armes de la maison;* à lui enfin la moitié, quelquefois les deux tiers des biens nobles. Il y a même une coutume qui n'accorde à tous les puînés, quel que soit leur nombre, que le cinquième en usufruit des biens de leurs père et mère.

Au reste, l'inégalité ne s'est pas seulement introduite dans la famille; par une conséquence toute naturelle, elle doit passer des personnes aux choses. A Rome, il y eut des différences entre le sol romain, le sol italique, le sol provincial. Dans un pays qui repose sur l'aristocratie territoriale, nous devons rencontrer des distinctions plus profondes encore.

Les biens sont divisés en nobles et en roturiers; et de même qu'une personne ne devient noble qu'avec la permission du roi, de même aussi, pour qu'un bien cesse d'être roturier, il lui faut des lettres de noblesse.

Parmi les biens, les uns sont libres, francs, ce sont les alleux. D'autres sous le nom de fiefs, de champarts, de fonds censitaires..... sont esclaves, assujettis. Partout la terre relève de la terre : d'un côté la seigneurie directe, le domaine de supériorité, les droits honorifiques; de l'autre le domaine utile et l'asservissement. La présomption légale n'est pas même favorable à la liberté des héritages; c'est au possesseur à prouver la franchise de son fonds, car à peu près dans toute la France prévaut la maxime : *nulle terre sans seigneur.*

Le roi a son domaine, les princes des apanages, les créanciers de l'état les domaines engagés, le clergé des biens immenses sous le nom de bénéfices.

Dans les coutumes, les meubles sont chose vile; leur circulation est trop rapide, leur valeur trop dépréciable pour servir d'assiette à un droit qui se propose d'éterniser la fortune dans les familles. C'est pour les immeubles, pour les propres surtout que la loi coutumière réserve toute sa sollicitude. Il est curieux de voir combien elle redoute qu'ils ne s'égarent, qu'ils ne disparaissent, avec quel soin elle dresse leur généalogie, avec quelle minutieuse attention elle recherche par quelles souches, par quelles branches ils ont passé.

Toutes les institutions sont l'expression de la même pensée, toutes convergent vers le même but : la conservation des biens dans les familles, et l'établissement d'une aristocratie puissante et durable;

De là ces formalités si multipliées, ces causes de nullité si nombreuses qui entourent les donations;

De là pour les testateurs cette prohibition de disposer de plus du quint de leurs propres;

De là cette espèce de retour légal, que les pays de droit écrit essaient d'étayer sur le droit romain; pure innovation, dit Pothier, que Tribonien serait singulièrement surpris de rencontrer, s'il revenait en ce monde;

De là le retrait lignager, que nos anciens jurisconsultes considéraient non seulement comme une prérogative précieuse pour les parents, mais bien encore comme un droit si légitime, si favorable, qu'ils regardaient comme illicite, même dans le for de la conscience, de chercher à y porter atteinte; tandis que nous n'hésiterions pas aujourd'hui à le déclarer injuste, exorbitant, attentatoire à la liberté des contrats et à la franchise des héritages;

De là encore les substitutions fidéicommissaires, au moyen desquelles une personne peut faire passer ses biens d'héritiers en héritiers;

De là enfin ces dispositions de certaines coutumes qui rendent les propres inaliénables, si ce n'est avec le consentement de l'héritier présomptif, et qui, en les transmettant francs et quittes de toutes dettes de générations en générations, organisent une substitution légale plus pernicieuse que la substitution volontaire, par cela même qu'elle est générale, perpétuelle, inévitable.

Les principes qui président à l'acquisition de la propriété et des droits réels sont d'ailleurs bien dignes de servir de couronnement au système dont nous venons de tracer une esquisse imparfaite. Les mutations sont occultes; elles s'opèrent en vertu d'une simple clause insérée dans le contrat. Les traditions, les investitures, les ensaisinements sont peu à peu devenus fictifs, symboliques. Dans le régime hypothécaire le défaut de publicité que nous avait transmis le dernier état du droit romain est encore aggravé par la disparition complète de la spécialité. Enfin une multitude innombrable de retraits, de clauses résolutoires, la plupart perpétuels et imprescriptibles, opposent à la transmission de la propriété des entraves qui tarissent les sources du revenu public et du bien-être social.

Voilà quelles furent en France la famille et la propriété. Ce système n'est plus. Gloire à la révolution qui a décrété l'égalité civile, la franchise des personnes et des choses !

Toutefois, gardons-nous de croire que nos devanciers aient su déduire toutes les conséquences d'un principe si fécond. Nous avons d'ailleurs fait depuis 1789 plus d'un pas rétrograde sous le rapport du droit civil comme sous celui du droit public. Il suffit pour s'en convaincre de comparer les lois intermédiaires avec notre législation actuelle. Le Code civil lui-même n'est qu'un essai de conciliation entre les principes aristocratique et démocratique, principes condamnés par leur nature à une éternelle inimitié. Ses rédacteurs, nourris des vieilles maximes du droit coutumier, se sont trop souvent reportés aux souvenirs de leur jeunesse; éblouis plutôt qu'éclairés par la lumière trop rapide des lois de la république, ils en ont plus d'une fois méconnu la sagesse; aussi a-t-on vu périr des théories que les gouvernements nouveaux auraient dû conserver comme une précieuse conquête sur le domaine de la science du juste.

Une ère nouvelle vient de surgir. La république démocratique est proclamée. Ce changement doit nécessairement exercer une influence profonde sur les institutions civiles. La république démocratique ne peut exister véritablement que si la famille et la propriété sont organisées d'une manière démocratique.

Que l'on ne se méprenne pas d'ailleurs sur la portée des modifications que nous venons proposer. Nous ne voulons attaquer ni directement ni indirectement la propriété et la famille. Ce sont deux choses indispensables à l'existence de toute société,

La famille n'est-elle pas en effet éminemment favorable au développement de la population, cette richesse première des états? En opposant une digue salutaire à l'entraînement de nos passions, en sanctifiant l'amour par le devoir, n'est-elle pas pour la femme la base de l'égalité? N'est-elle pas pour l'éducation des enfants une garantie certaine de moralité? N'est-elle pas enfin pour l'humanité une nécessité matérielle et morale? Si la famille était détruite, où donc l'homme irait-il puiser ces nobles sentiments, ces affections pures et saintes qui font l'élément de son bonheur?

On ne peut non plus contester la légitimité du droit de propriété. Rien n'est plus facile à réfuter que tous les sophismes à l'aide desquels on a vainement tenté de l'ébranler.

Ils se résument à peu près tous dans cet argument : *Les hommes naissent égaux; ils ont également droit de vivre; donc ils ont un droit égal aux fruits de la terre et à la substance qui les produit.*

Il est hors de doute que tout homme ait le droit de vivre, et que ce soit un devoir pour la société de lui en fournir les moyens. Mais les choses essentielles à la vie humaine étant toutes le résultat du travail, le devoir de la société ne peut consister qu'à procurer à ses membres des instruments de travail, dans la mesure des légitimes besoins de chacun.

Suit-il de là que tout homme ait un droit égal ou proportionnel à ses besoins aux produits de la terre? Nullement. Car, s'il en était ainsi, la part de chacun dans les produits pourrait dépasser la somme de son travail, et l'on arriverait évidemment à cette conséquence que tout homme a droit de vivre du travail de ceux qui, par leur force, leur intelligence, leur activité, produisent davantage, et de les contraindre à travailler pour lui. Or, qu'est-ce que serait un pareil état de choses, si ce n'est la négation de toute liberté individuelle, c'est-à-dire l'esclavage?

Dès lors que l'homme ne peut s'approprier le produit du travail de ses semblables, il a par là même le droit exclusif de jouir du fruit de ses œuvres, de cumuler des épargnes, d'échanger ces épargnes contre d'autres objets, de les donner à ses parents, à ses amis, à ceux qu'il choisira, même pour le temps où il n'existera plus : en un mot, il a le droit d'être propriétaire.

« Mais, diront peut-être les adversaires du droit de propriété, nous ne contestons pas que chacun puisse disposer de la manière la plus absolue des choses qui sont le résultat de ses labeurs. Nous soutenons seulement que tout homme a également droit de produire pour vivre. Or, le sol étant la source de toute production, chacun doit en avoir une portion égale. Et remarquez bien que nous ne nions pas les droits que peut, à juste titre, réclamer le travail; car la matière primitive est préexistante au travail : le travail n'a pas créé le sol; il a pu rendre le cultivateur propriétaire du blé semé par lui, mais il n'a pu lui conférer la propriété du champ où il l'a récolté. »

Il y a dans cet argument quelque chose de vrai. Le travail, il faut le reconnaître, ne peut rendre propriétaire des choses dont il n'est pas la cause génératrice.

Cela nous conduit à constater que le droit de propriété est antérieur au travail. La propriété peut d'ailleurs exister indépendamment de tout travail, car il est des objets, tels que des étangs, des forêts, auxquels la main de l'homme n'a jamais fait subir aucune modification, et a laissés tels qu'ils étaient avant d'entrer dans notre domaine. Et il est même juste d'observer, à l'égard des choses frugifères, que le travail a bien plutôt développé la propriété qu'il ne l'a créée.

Aussi la propriété a-t-elle commencé par l'occupation.

Est-ce à dire pour cela qu'elle ait été illégitime à son origine? Non, sans doute, puisque l'homme dut nécessairement, dès la première heure de sa vie, s'approprier les objets extérieurs qui sont la condition essentielle de son existence. L'occupation ne porta aucune atteinte à l'égalité. Chacun eut le droit de s'emparer des choses qui n'appartenaient à personne, à mesure qu'il les découvrait, et suivant qu'il le jugeait utile. Après cette prise de possession primordiale, est venu le travail, qui, en identifiant plus complètement la chose avec son possesseur, a sanctifié l'occupation, déjà légitime par elle-même.

La propriété est d'ailleurs la conséquence naturelle et nécessaire des rapports des hommes entre eux.

Supposez qu'elle soit abolie. Il n'existera plus en dehors de l'état de richesses individuelles s'acquérant par le travail, se développant par l'épargne. L'état deviendra le seul producteur, le seul commerçant, le propriétaire unique. Croyez-vous qu'avec un pareil système la société fonctionnera aussi régulièrement qu'une machine obéissant à un moteur puissant et invariable? Croyez-vous qu'à un signe du président de la République la France regorgera de richesses, de bien-être, de vie? Ce sont là de beaux rêves. Mais l'expérience constatera infailliblement le fait suivant : Chacun consommera le plus qu'il pourra et travaillera le moins possible. Or, en décimant d'une part la force productive, le travail et l'épargne, en décuplant de l'autre la consommation, quel sera le résultat final? Il n'y a personne qui ne puisse l'apercevoir.

La plupart des théories qui attaquent la propriété s'appuient sur un principe purement imaginaire. Elles supposent le dévouement absolu des hommes les uns pour les autres. Nous ne doutons pas que la fraternité devienne l'âme de toutes les institutions sociales; nous espérons aussi que l'on parviendra à réprimer les écarts de l'égoïsme. Mais vouloir anéantir le sentiment personnel, mobile des actions humaines; vouloir briser l'individualité; c'est entreprendre une œuvre aussi difficile que d'essayer d'imprimer à la terre un mouvement rétrograde, car c'est lutter contre la main de Dieu. Tous les hommes sont entraînés par une force irrésistible à s'approprier exclusivement la plus grande somme possible de jouissances matérielles, intellectuelles ou morales. Le ressort qui fait mouvoir vers un même but tous ces milliers de bras qui s'agitent dans l'univers, l'artère qui fait battre tous les cœurs à l'unisson, c'est l'amour du pouvoir, de la gloire, de la propriété ou de la famille.

L'émulation est la vie d'une société; la détruire, c'est lui porter un coup mortel. La chute de l'empire romain en est un exemple assez mémorable. Plus grand, plus puissant qu'aucune nation n'a jamais été, après avoir confondu toutes les races, dénationalisé tous les peuples de l'ancien continent, après leur avoir imposé sa législation, ses mœurs, sa langue, sa littérature, son génie, il est mort sous l'invasion de quelques hordes barbares agissant sans unité et presque sans effort : et pas un citoyen ne s'est levé pour le défendre, parce que le pouvoir impérial, en surchargeant et en ruinant la propriété, avait fini par anéantir cet amour de la patrie qui avait fait des Romains le peuple-roi.

La propriété a détruit le servage du moyen-âge. A peine le prolétaire eut-il conquis quelques parcelles de terre qu'on le vit se relever de l'abrutissement et de la misère, pour commencer contre le privilége cette lutte opiniâtre, infatigable, que devait terminer une explosion si terrible.

Aujourd'hui, l'on oublie trop souvent que c'est la propriété qui nous a donné la liberté, et que c'est elle qui nous l'a conservée. Mais la propriété ne périra pas. On aura beau développer les théories les plus séduisantes, exploiter les natures crédules et sans expérience, égarer les masses en proie à la souffrance et leur causer de nouvelles douleurs, animer la cupidité et l'instinct de la destruction, verser enfin des flots de sang, la propriété restera toujours debout et traversera toutes les révolutions.

La noble et sainte mission de la démocratie est de lui procurer de nouveaux gages de stabilité. Si elle doit tendre constamment à diviser les richesses, à les fractionner entre les mains d'un plus grand nombre, c'est par des moyens légitimes, et surtout en les multipliant par le travail. Dans ce but elle doit favoriser l'association; non pas l'association qui confond les droits de tous, qui commence par dépouiller les uns avant d'enrichir les autres; mais celle qui consacre l'individualité en répartissant les bénéfices proportionnellement à la mise, celle qui a pour résultat de fournir à chacun des associés un capital distinct, et de les élever à la condition de propriétaires.

C'est en partant de ces principes que nous nous proposons de signaler quelques réformes relatives à la constitution de la propriété et de la famille, et de mettre ces deux institutions en harmonie avec les besoins de notre époque.

La famille n'a pas toujours été uniquement basée sur les liens du sang et sur le mariage. Chez les Romains, l'adoption jouait un grand rôle dans l'organisation sociale.

Cette institution, que nous regardons comme éminemment aristocratique, disparut de notre législation française au moment où la féodalité tendait à se constituer. On pourrait s'en étonner si l'on ne faisait attention aux différences profondes qui existent entre l'aristocratie romaine et l'aristocratie seigneuriale du moyen-âge. A Rome, l'élément de l'aristocratie est tout personnel à son origine. Si un homme nouveau commence à surgir par la noblesse de son caractère et l'éclat de ses actions, il quittera son nom obscur pour entrer dans une famille illustre, dont il perpétuera la grandeur par son génie. Ce qui prédomine au contraire dans l'aristocratie féodale, c'est l'élément matériel et territorial, le sol qui donne la puissance avec la richesse.

L'adoption reparut dans nos lois avec notre ancienne république. Nous ne l'accuserons certainement pas d'avoir voulu ressusciter une aristocratie quelconque. Sa pensée fut toute démocratique. En permettant à un homme de se créer par sa seule volonté une postérité que la nature lui avait refusée, elle crut encourager les actions d'humanité, arracher quelques victimes à la misère.

L'évènement a-t-il répondu au but que s'était proposé le législateur républicain? Nous ne le croyons pas. Beaucoup d'adoptants sont mus sans aucun doute par des sentiments de générosité; mais la faculté d'adopter ne peut être par sa nature un puissant moyen de multiplier les actes de bienfaisance. Celui qu'anime véritablement la passion du bien et qui veut se créer de réelles et sérieuses affections ne s'attache pas à des rapports fictifs de parenté, susceptibles d'ailleurs de jeter l'hésitation dans son esprit, par cela même qu'ils lui donnent irrévocablement un héritier.

L'adoption est bien loin, il est vrai, de ressembler à ce qu'elle était autrefois; néanmoins il règne au fond du cœur de la plupart de ceux qui adoptent une pensée aristocratique. Interrogez nos mœurs, et vous verrez que les grandes familles, les familles riches et puissantes pratiquent à peu près seules l'adoption pour empêcher l'extinction d'un nom illustre. Qu'on le remarque bien, l'homme est naturellement enclin à l'aristocratie; il recherche toujours la puissance et aime à l'éterniser dans sa race. Dans ce but, il transforme, défigure toutes les institutions qui peuvent se prêter à ses désirs. Les républiques démocratiques ne sauraient veiller avec trop d'attention sur ces tendances de famille, qui prennent quelquefois une voie dangereuse pour la constitution sociale.

C'est au législateur à fixer d'une manière invariable l'état de la famille; il ne doit laisser au pouvoir judiciaire, et surtout au pouvoir exécutif, que le moins de latitude possible pour en modifier les règles.

C'est principalement à l'égard des conditions requises pour la validité du mariage qu'il convient de proscrire toute espèce d'arbitraire. Le code civil confère au gouvernement le pouvoir souverain d'accorder ou de refuser les dispenses d'âge et de publications. Un pareil état de choses offre un champ trop libre aux manœuvres des parties intéressées.

D'abord il n'y a qu'un seul cas qui puisse en cette matière nécessiter une dérogation aux règles générales : c'est lorsqu'il s'agit de légitimation. Sauf cette exception, on

devrait toujours se conformer aux prescriptions ordinaires. Ce serait en outre à l'autorité judiciaire, aux
membres de la magistrature assise qu'il devrait appar-
tenir de vérifier si les postulants se trouvent dans l'espèce
déterminée par la loi, et de leur accorder l'autorisation
nécessaire.

Quant aux dispenses qui lèvent les prohibitions fondées sur la parenté ou l'alliance, nous en réclamons l'a-
brogation.

Si le mariage entre oncles et nièces, beaux-frères et
belles-sœurs ne présente aucun danger, il est inique de
lui opposer un obstacle purement vexatoire; s'il blesse les
mœurs, il faut le défendre d'une manière absolue. Qu'est-
ce qui pourra en effet rendre licite ce qui répugne à la
pudeur sociale? S'agit-il d'intérêts pécuniaires? Mais des
motifs d'argent ne peuvent servir de cause à la violation
d'une loi organisatrice de la famille. S'agit-il, comme
semblerait l'indiquer la pratique, de légitimer des relations qui ont produit de déplorables fruits? Mais alors le
mariage est en quelque sorte la preuve du crime, et, ce
qui est plus grave encore, l'empêchement est une cause
d'immoralité, puisque le meilleur moyen d'obtenir une
dispense est de commencer par vivre en concubinage.

Ainsi point de transaction possible; il faut interdire ou
permettre le mariage. Nous proposerons de faire une distinction.

Entre les oncles ou tantes et les nièces ou neveux règne
un certain caractère d'autorité, de protection d'une part,
et de l'autre un sentiment de déférence et de respect;
l'oncle est presque un ascendant : l'amour paternel, l'o-
béissance filiale se retrouvent ici, quoique affaiblis par le
degré de parenté. Dès lors on doit facilement comprendre que de telles relations ne puissent sans se vicier et se

corrompre se convertir en cette mutuelle affection que l'égalité réciproque fait naître entre époux. La répugnance naturelle, l'espèce d'horreur instinctive pour les liens conjugaux que produisent entre ces parents le genre de leurs rapports et la différence de génération qui se rencontre ordinairement entre eux, démontrent assez clairement qu'il n'y a pas lieu de leur permettre de contracter une union légitime.

Aussi leur interdisait-on à Rome le mariage d'une manière absolue. Claude fit rendre, il est vrai, un sénatus-consulte, afin d'avoir le droit d'épouser la fille de son frère; mais l'exemple donné par cet empereur parut tellement scandaleux et trouva si peu d'imitateurs, que la prohibition ne tarda pas à être rétablie dans toute sa généralité. C'est le droit canonique, et cela est remarquable, qui a transmis au législateur de 1804 et de 1832 le funeste héritage des dispenses. Il avait, comme nous l'avons déjà dit, multiplié à l'infini les prohibitions de mariage, pour empêcher les tribus qui avaient envahi l'empire de se perpétuer en s'isolant, mélanger les races, détruire la personnalité, effacer toutes distinctions entre les vainqueurs et les vaincus, entre les Barbares et les Romains. Mais il dut naturellement arriver une époque où les empêchements, cessant d'être nécessaires, devinrent une entrave inutile aux mariages. C'est alors que naquirent les dispenses, dont rien ne saurait justifier l'introduction, si ce n'est cette soif dévorante de domination et de richesses qui s'était alors emparée du clergé.

Jamais les Romains n'avaient songé à interdire le mariage entre beaux-frères et belles-sœurs : ce fut l'église qui les défendit. Sa prohibition tantôt abrogée, tantôt renouvelée, rencontra beaucoup d'obstacles dans les mœurs et les habitudes des populations, et ne parvint à s'établir définitivement que lorsque les papes et les conciles furent arrivés à l'omnipotence temporelle.

Il est d'ailleurs assez difficile d'apercevoir le motif sur lequel repose cet empêchement. Sans doute il serait dangereux pour des personnes qui vivent sous la même autorité et sous le même toit d'entrevoir la possibilité de s'unir. Aussi croyons-nous que les législations antiques, qui toléraient le mariage entre frère et sœur, ont engendré d'effroyables désordres.

Mais l'on ne saurait assimiler aux frères et sœurs les beaux-frères et belles-sœurs, qui sont loin d'avoir entre eux des relations aussi anciennes, aussi fréquentes, aussi intimes. Tant que dure le mariage qui produit l'alliance, il existe entre le beau-frère et la belle-sœur un obstacle invincible qui ne leur permet pas de nourrir l'espérance de pouvoir couvrir un jour du voile d'une union réparatrice les rapports illicites qu'ils seraient tentés d'entretenir. Si, au contraire, le mariage est dissous, pourquoi contraindre un homme qui veut se remarier dans l'intérêt de ses enfants, à aller leur chercher une marâtre étrangère, lorsqu'il a près de lui une parente affectueuse et dévouée? Serait-ce par hasard à cause des liens d'intimité qui ont existé entre elle et l'épouse défunte? Mais alors pourquoi ne défend-on pas d'épouser successivement les deux amies?

Nous ne prétendons pas que le mariage entre belles-sœurs et beaux-frères ne puisse froisser certains sentiments de délicatesse, et nous ne sommes pas étonnés que les casuistes, qui ont forgé les alliances spirituelles et se sont partout montrés imbus des principes d'un puritanisme exagéré, l'aient déclaré immoral et scandaleux; mais à une époque où toute institution doit être pesée au point de vue de l'utilité publique, et où l'on ne doit restreindre la liberté individuelle que lorsque l'intérêt social est en jeu, nous croyons qu'il serait convenable de faire disparaître entièrement un obstacle qui, il faut en convenir, offre peu de difficultés à surmonter.

Le mariage doit-il être indissoluble ? C'est là une question bien grave par ses conséquences, mais peu difficile à résoudre dans un état démocratique.

Quelle est en effet l'utilité du divorce ? Est-ce de fournir aux époux à qui l'existence commune est devenue insupportable le moyen de vivre désormais séparément? Non, puisqu'ils peuvent atteindre ce résultat par la séparation de corps. Le but principal du divorce est de permettre aux conjoints de convoler à de secondes noces, et c'est uniquement sous ce rapport que nous allons l'examiner.

La répudiation est d'abord la violation d'un contrat, car dans la pensée de ceux qui s'unissent le mariage doit toujours durer. La doctrine qui repousse le divorce n'est donc pas attentatoire à la liberté; elle ne fait que prêter main forte à la loi que les parties se sont faite elles-mêmes, et les empêche, en leur enseignant la gravité des obligations matrimoniales, de dénaturer au gré de leurs passions la convention qui leur donne naissance.

L'admission du divorce, quelles que fussent les garanties dont on l'entourât, envenimerait les moindres querelles, enflammerait les mauvaises passions des époux, en leur montrant en perspective l'élément de leur satisfaction, au lieu de les calmer par la certitude de leur impuissance. Dès lors qu'ils entreverraient le moyen de rompre une chaîne devenue intolérable, ils n'auraient plus le même souci de la fidélité conjugale. L'expérience ne l'a que trop démontré; les annales du divorce sont celles du scandale.

Et d'ailleurs, ceux qui n'auraient trouvé dans une première union qu'injures, sévices, affliction, pourraient-ils se flatter de rencontrer dans un nouveau mariage ce bonheur de l'âme, ces joies du cœur, cette heureuse sympathie qu'ils ont déjà vainement cherchés? Le divorce ne serait-il pas trop souvent peut-être le présage funeste d'une nouvelle et prochaine désunion?

Le divorce n'est pas une institution démocratique; il constitue l'un des époux dans un état d'inégalité. Celui qui se repentirait d'avoir contracté une union peu assortie sous le rapport de la famille, du caractère, de la fortune, pourrait employer toutes sortes de violences, de brutalités pour amener son conjoint à consentir à une rupture. La femme serait le plus ordinairement victime de ces odieuses manœuvres; et lorsqu'on lui aurait arraché le divorce, elle se trouverait dans une position inférieure à celle de son ancien mari, car elle ne pourrait, en recouvrant sa liberté, reprendre cette fleur virginale que le mariage a flétrie sans retour. L'indissolubilité du lien matrimonial est ce qui fait sa force, ce qui assure sa légitime influence; c'est elle qui l'a tirée de l'esclavage où elle était tombée chez les peuples anciens.

Enfin, le divorce enlèverait aux enfants du premier lit l'affection de leurs parents. Les descendants n'héritent que trop souvent de l'indifférence ou de l'aversion que l'un des conjoints a pour l'autre; les seconds mariages après le décès de l'un des époux nous en donnent tous les jours des preuves. Ceux qui craindront de substituer à l'amour paternel et au respect filial la haine et le mépris, et qui se souviendront que l'injustice d'un beau-père ou d'une marâtre a plus d'une fois été la cause du libertinage ou de la prostitution des enfants d'un premier mariage, se garderont bien de ressusciter une institution que notre ancienne république, trop oublieuse des garanties réclamées par la famille, alla maladroitement emprunter aux temps antiques, et qui ne dut peutêtre sa conservation dans le code civil qu'à des raisons purement politiques.

La séparation du corps doit donc être le seul remède aux antipathies et aux dangers de la vie commune. Mais elle a besoin d'être organisée. Notre législation ne contient que des dispositions incomplètes sur cette matière, que les rédacteurs du code civil avaient seulement conservée pour satisfaire aux scrupules de ceux à qui leurs principes religieux ne permettraient pas de divorcer.

L'on doit rendre la séparation de corps accessible aux travailleurs, aux classes pauvres. Il faut que ceux qui violentent indignement leurs femmes puissent être chassés sans obstacle du foyer domestique, où ils ne restent que pour dévorer le pain des enfants laborieusement gagné par leur mère. Et, d'un autre côté, l'on ne doit pas souffrir qu'un homme soit obligé de garder, faute d'argent pour l'expulser, une femme qui souille le lit conjugal, et qui est pour ses filles un pernicieux exemple. Que la loi ne craigne pas de se montrer sévère à l'égard de ceux qui trahissent la foi du mariage. Tout contrat doit avoir sa sanction; il faut que chacun sache que l'adultère est un crime, et qu'il n'est permis à personne de se jouer impunément d'un serment.

Le mariage étant la base des familles, c'est un devoir pour le législateur de l'encourager, et de contraindre indirectement les citoyens à contracter une union qui présente de si puissantes garanties d'ordre. L'un des meilleurs moyens d'y parvenir est de ne pas assimiler les enfants naturels aux enfants légitimes, sous le rapport des droits de succession.

Notre ancienne législation était d'une grande sévérité pour les bâtards : elle ne leur accordait que des aliments. Dans une société si éminemment religieuse, qui avait proscrit le concubinat que les Romains considéraient comme un véritable mariage, il n'est pas surprenant que l'enfant se soit trouvé victime de la faute de ses parents, ni que leur faiblesse ou leur débauche ait imprimé à son existence une espèce de souillure originelle. Mais un pareil état de choses devait naturellement amener une réaction énergique en faveur des enfants naturels; les lois révolutionnaires, exagérant ce principe de justice qui défend de punir ceux qui ne sont pas coupables, mirent sur la même ligne les bâtards et les enfants légitimes. Le mariage n'étant plus dès lors nécessaire pour perpétuer la famille, son institution était par là même détruite, et l'humanité allait infailliblement retomber dans un état de barbarie et de chaos. Comment donc éviter le rigorisme de notre ancien droit, et les dangers plus graves encore des lois intermédiaires?

On ne peut se dissimuler qu'il existait là un besoin social dont il fallait évidemment tenir compte, mais il n'était pas nécessaire de refuser tout droit de succession aux enfants naturels; il suffisait de mettre entre eux et les enfants légitimes une différence notable. Telle est l'idée qui paraît avoir dirigé les rédacteurs du code civil. Nous verrons cependant qu'ils ont quelquefois inconsidérément accordé à la parenté naturelle les mêmes droits qu'à la parenté légitime, et que dans certains cas ils auraient pu se montrer moins rigoureux. Nous tâcherons d'être plus humains, mais plus conséquents.

Et d'abord reconnaissons que l'adultère et l'inceste ne peuvent devenir la source d'un droit de succession. Donner des aliments aux bâtards adultérins ou incestueux, c'est tout ce que réclame l'équité. Il y a de ces nécessités sociales avec lesquelles on ne peut transiger sans péril; l'intérêt de la famille et les exigences de l'ordre public doivent passer avant tout intérêt pécuniaire.

Les enfants naturels, même ceux qui ne sont pas le fruit de l'inceste ou de l'adultère, ne peuvent non plus avoir de droits sur les biens des parents de leur père ou de leur mère, car ce serait anéantir la famille que de faire produire à la bâtardise des droits successoraux aussi étendus que ceux qui dérivent de la filiation légitime.

La bonne foi qui doit présider aux contrats, et la tranquillité du foyer domestique, voulaient aussi que toute reconnaissance faite pendant le mariage par l'un des époux au profit d'un enfant naturel qu'il aurait eu avant son mariage d'un autre que de son conjoint, ne pût nuire ni à celui-ci, ni aux enfants nés de ce mariage; et nous regrettons même que l'article 337 n'ait pas embrassé dans sa disposition la reconnaissance antérieure à la célébration du mariage, lorsqu'elle serait demeurée inconnue au conjoint jusqu'à cette époque, et celle postérieure à sa dissolution, lorsque la conception de l'enfant remonterait avant l'union conjugale.

Voyons maintenant le concours des enfants naturels avec les enfants légitimes. Le code accorde aux bâtards le tiers de la portion héréditaire qu'ils auraient prise s'ils eussent été légitimes. Il s'est élevé dans la doctrine une très grande divergence de théories pour calculer cette quote-part. La moins arbitraire est celle de la jurisprudence qui compte d'abord les enfants bâtards ou légitimes, comme s'ils étaient tous légitimes, alloue aux enfants naturels le tiers de la part déterminée par le chiffre total, et attribue le reste aux enfants légitimes. Ce système est-il équitable et rationnel? Contentons-nous d'en déduire les résultats, et nous aurons suffisamment répondu à cette question.

Il offre d'abord cela de remarquable que quel que soit le nombre des enfants naturels, jamais ils ne prendront à eux tous le tiers de la succession, en sorte que si vous supposez 99 bâtards en présence d'un seul enfant légitime, chaque bâtard n'aura que le trois-centième de la succession, tandis que l'enfant légitime en prendra à lui seul plus des deux tiers. Une autre conséquence non moins singulière, c'est que la qualité des enfants qui concourent avec les bâtards ne fait subir à leur part aucune variation: ainsi, qu'un bâtard concoure avec 99 enfants légitimes ou avec 98 enfants naturels et un enfant légitime, sa portion reste la même.

Tout cela n'est-il pas concluant? Que penser d'un système où la part des bâtards peut être tantôt trois fois moins forte, tantôt trois cents fois plus faible que celle des enfants légitimes? Il faut nécessairement chercher une théorie qui, tout en respectant les droits de la légitimité, permette d'augmenter sensiblement la part des enfants naturels en raison de leur nombre, et de la diminuer à mesure que le nombre des enfants légitimes s'accroît.

Nous ne voyons d'autre moyen d'atteindre ce résultat que de poser en principe que la part des enfants légitimes sera tant de fois plus forte que celle des enfants naturels; du triple, du quadruple....... Si l'on fixait en règle générale cette part au quintuple de celle des bâtards, nous croyons que ce serait accorder une protection suffisante au mariage. Nous disons *en règle générale;* car il pourrait arriver que le nombre des enfants naturels s'augmentât dans de telles proportions qu'ils prissent ensemble presque la totalité de l'hérédité. Pour remédier à cet inconvénient, nous proposerions de décider que les bâtards ne pourraient à eux tous recevoir plus des deux tiers de l'hérédité.

Nous les admettrions à recueillir ces deux tiers en présence de tous les parents légitimes autres que les descendants, et comme ce n'est pas tant la qualité des successibles qui peuvent concourir avec les bâtards que la protection due au mariage qu'il faut examiner, nous ne tiendrons aucun compte de l'ordre ou du degré de ces parents, ainsi que l'a fait le code civil.

Mais jamais les enfants naturels ne prendraient plus des deux tiers de la succession de leur père ou de leur mère, fussent-ils même en présence du conjoint survivant ou de l'état, à moins que les biens ne leur fussent dévolus à titre d'aliments. Nous sommes ici conséquents avec les principes que nous avons posés : si l'on admet en effet les enfants naturels à recueillir la totalité de la succession au cas où il n'existe aucun parent légitime, cas qui peut se présenter fréquemment, puisque le *de cujus* peut être un enfant naturel, il en résulte qu'une personne privée de parents légitimes n'est mue par aucun intérêt puissant à contracter un mariage qui, sous le rapport successoral, ne procurerait à ses bâtards qu'une légitimation inutile. Or, n'est-ce pas là une conséquence de la plus haute gravité, et n'est-il pas vrai que le code civil offre en partie les dangers des lois de la République?

Quant aux autres parents naturels que le code appelle à succéder, nous ne conserverions que le père et la mère, non pas tant à cause de leur qualité de proches parents, que pour ce motif que les biens laissés par le bâtard, provenant le plus souvent de la générosité de ses ascendants, il serait trop rigoureux d'en frustrer ceux qui n'ont pas hésité à remplir leurs devoirs. Mais nous refuserions tout droit de succession aux frères et sœurs. Nous nous garderions bien surtout d'introduire, à l'exemple des rédacteurs du code, un droit de reprise au profit des enfants légitimes du père ou de la mère du bâtard. Il n'y a rien qui nuise tant à la simplicité de la législation, qui soulève des difficultés si nombreuses, comme toutes les exceptions au principe que l'on ne doit pas considérer l'origine des biens dans la dévolution des successions. Ne faut-il pas d'ailleurs éviter avec soin d'organiser la parenté naturelle de telle manière qu'elle produise des effets identiques à ceux de la parenté légitime? Si l'on agissait autrement, ne serait-ce pas encourager ceux qui n'ont pas de famille à ne s'en pas créer, en leur donnant le moyen de transmettre leur fortune par des unions contraires à la morale et à l'intérêt public.

Le code civil contient, à l'égard des enfants naturels, plusieurs lacunes regrettables, par exemple en ce qui concerne leur tutelle et leur réserve; mais en revanche il n'a point oublié les mesures de protection que réclamait la famille. Il s'en trouve même une contre laquelle nous croyons devoir protester.

En permettant au père et à la mère de réduire le bâtard à la moitié de la quotité légale, lorsqu'ils lui font un avancement d'hoirie et déclarent que leur intention est de restreindre ses droits au don qu'ils lui délivrent, le législateur a certainement dépassé les limites de la justice, dans le but de supprimer les contestations purement hypothétiques que pourrait faire naître le concours des enfants naturels et des parents légitimes. Une pareille disposition ne peut se justifier. D'abord elle manque son but toutes les fois qu'il n'est pas évident sans calcul que l'enfant a pris au moins la moitié de ce qui devrait lui revenir *ab intestat.* Ensuite, on ne peut alléguer que le bâtard est maître de refuser, et qu'il est d'ailleurs plus avantageux pour lui de recevoir présentement la moitié que d'attendre la totalité jusqu'à la mort de ses ascendants. Ce qui, dans certains cas, pourrait être utile aux bâtards, peut aussi leur présenter des dangers : il vaudrait mieux souvent pour beaucoup d'enfants n'avoir jamais été dotés. Enfin, les père et mère qui savent accomplir les obligations que la nature leur impose, se garderont bien d'user de la faculté que leur donne le code de réduire leurs enfants naturels. Quant aux autres, il ne fallait pas leur laisser le moyen d'abuser de la jeunesse ou de la misère, et de satisfaire plutôt un sentiment d'égoïsme qu'une pensée de bienfaisance.

A l'égard des questions d'état, le législateur doit conserver avec soin tous les principes protecteurs de la famille, toutes les règles qui en assurent la stabilité, dissiper toute incertitude, proscrire toute recherche scandaleuse. C'est d'ailleurs une matière difficile à régler que la filiation avec son cortége de présomptions légales. Le code ne nous paraît pas avoir atteint la clarté indispensable dans un sujet aussi important. Que de controverses n'ont pas fait naître, par exemple, les divers cas de désaveu, les nullités de mariage, les reconnaissances sous seing privé, et celles faites au profit d'enfants adultérins ou incestueux! Nous ne pouvons même hésiter à dire que plusieurs de ces questions aient reçu une solution sinon contraire au droit positif, au moins en désaccord avec les principes d'une bonne législation. Ainsi, nous ne pouvons approuver que l'on dépouille de toute espèce d'effet légal la reconnaissance authentique d'enfants adultérins, et la possession d'état, qui est en réalité, comme l'a dit un conseiller d'état, la plus éclatante de toutes les reconnaissances. N'est-il pas étrange de voir un bâtard adultérin reconnu par acte authentique recueillir, en vertu d'un testament ou d'une donation, la succession tout entière de ses auteurs, tandis que l'enfant naturel, qui n'est pas issu d'un commerce infâme et criminel, ne peut réclamer des aliments, lorsqu'il n'a en sa faveur que la possession d'état? La jurisprudence s'est-elle montrée l'interprète fidèle de la volonté du législateur? C'est ce que nous n'avons pas à rechercher : nous constatons seulement qu'il y a là un mal auquel il est nécessaire de remédier.

Il existe d'ailleurs d'autres réformes à opérer. Ainsi, la présomption qui répute le mari père des enfants conçus pendant le mariage ne devrait pas être aussi impérieuse à l'égard de ceux qui l'ont été pendant la séparation de corps, lorsque l'habitation des époux était devenue distincte. Le simple désaveu du mari devrait faire cesser la présomption de paternité, à moins que la mère ne prouvât avoir renoué avec lui des relations intimes.

Nous ne voyons pas non plus pour quel motif les notaires et les juges de paix recevraient des reconnaissances d'enfant naturel, concurremment avec les officiers de l'état-civil. La reconnaissance n'est-elle pas pour la filiation naturelle ce que l'acte de naissance est pour la filiation légitime? Pourquoi dès-lors permettrait-on d'enfouir parmi des jugements, des procès-verbaux, des obligations, un acte qui ne constate ni un litige ni un contrat? N'y aurait-il pas au contraire plus de logique, plus de simplicité dans les recherches, peut-être même plus de garanties de sincérité, si les officiers de l'état-civil étaient seuls compétents pour recevoir les actes concernant directement l'état des personnes?

La puissance maritale, la puissance paternelle ont vu leurs principes se modifier profondément avec les progrès de la civilisation. C'est aux idées démocratiques à effacer les derniers vestiges des législations primitives, qui avaient plutôt considéré ces institutions comme un moyen d'accroître le domaine, la propriété du chef de famille, que comme un élément de protection pour les faibles et les incapables.

Le code civil, en faisant disparaître le droit de prééminence ou de supériorité que nos coutumes accordaient au mari sur la femme, a ramené la puissance maritale à son véritable caractère. C'est avec noblesse, avec une connaissance profonde des devoirs du mariage qu'il trace les obligations réciproques des époux, lorsqu'il exprime qu'ils se doivent mutuellement fidélité, secours, assistance. Toutefois, il ne nous paraît pas avoir déduit avec assez de générosité les conséquences légales de ce principe. L'assistance des époux ne doit pas se terminer avec leur existence. Lorsque l'un deux est descendu dans la tombe, si l'autre lui conserve encore son amour et son affection, ne-serait-il pas juste que le défunt pût en quelque sorte se relever du cercueil pour donner à son conjoint une preuve de sa sollicitude et l'empêcher de passer d'une position brillante à la misère, ou d'aller tendre la main à des héritiers peu enclins à compatir à des douleurs qui leur sont étrangères? Le code civil n'accorde à l'époux survivant qu'un droit de succession après tous les parents légitimes ou naturels. Combien plus généreuse et plus morale était notre ancienne législation! Là on rencontre sous le nom *de préciput légal, de gains de*

survie, d'augment et de contre-augment, d'agencement,
de douaire, d'habitation, de vivenotte, de quarte de la
femme pauvre, de bagues et joyaux, de chambre étoffée,
une multitude de droits qui empêchent l'un des conjoints
d'être réduit à une condition misérable après le décès
de l'autre. Nous ne blâmerons pas, sans doute, les rédacteurs du code de les avoir abolis à cause des nombreux
inconvénients qu'ils présentaient; mais ils eussent dû au
moins donner à l'époux survivant le droit de réclamer,
eu égard à ses besoins et à sa position, des aliments sur
la succession de son conjoint.

L'association pécuniaire des époux réclame aussi une
organisation nouvelle; il faudrait réduire la communauté
légale aux acquêts, en cessant d'y comprendre les dettes
et les meubles présents et à venir.

Le régime de la communauté est un puissant moyen
de moralisation et d'accroissement de richesses, car il in-
téresse les conjoints à réunir leurs mutuels efforts et leurs
économies respectives. Mais, qu'on le remarque bien, la
seule association favorable est celle qui suscite l'activité
des associés par la perspective de bénéfices communs, non
celle qui commence par dépouiller l'un au profit de l'autre. Celle-ci est une violation de tous les principes d'é-
galité et de justice, et ne peut continuer à subsister dans
un état démocratique.

La communauté légale est aujourd'hui telle qu'elle
était à l'époque où les meubles étaient peu nombreux et
la richesse mobilière presque nulle; et l'on peut à bon
droit s'étonner que le législateur qui a mobilisé les rentes
foncières et perpétuelles, les offices et tant d'autres droits,
n'ait pas songé à modifier les règles de l'association conjugale. Une réforme est d'autant plus urgente en cette
matière, que depuis l'an XII le mal s'accroît de jour en

jour par suite du progrès de l'industrie; la richesse mobilière devient de plus en plus la seule ressource d'un
grand nombre de familles.

Le système du code ne convient d'ailleurs qu'aux personnes qui n'ont aucune fortune en se mariant, et auxquelles il ne doit rien advenir par successions ou donations. Celles qui possèdent le moindre bien s'empressent
de faire un contrat de mariage pour éviter les conséquences de la communauté légale. Un pareil état de choses suffit
pour révéler combien la législation actuelle est vicieuse.
Comment tolérer plus long-temps une loi qui ne devrait
être que l'expression de la volonté habituelle des contractants, et qui se trouve incessamment en lutte avec les
conventions particulières. Les coutumes, lors de leur rédaction, furent les interprètes fidèles des usages matrimoniaux; ces usages ont changé, la législation doit changer
avec eux, car elle doit toujours se conformer aux besoins
du temps.

La puissance paternelle, si conforme à la nature et à
l'intérêt général, est digne de faire le sujet de nos méditations. Nous allons passer en revue les différents droits
dont elle se compose.

Et d'abord nous devons reconnaître que la disposition
qui donne aux ascendants la faculté de retarder le mariage
de leurs descendants est conçue uniquement dans l'intérêt de ceux-ci. Apprécier le développement physique et
moral des futurs époux, empêcher certaines natures frêles
et délicates d'être prématurément exposées au travail pénible et quelquefois mortel de la génération, dissiper
quelques illusions trompeuses que forment les rêves de
la jeunesse et que vient souvent détruire trop tôt la réalité; mettre une entrave à la séduction toujours prête à

exploiter l'inexpérience; calmer par la réflexion, par de
sages et judicieux conseils la fougue des passions : tout
cela revenait de droit à ceux qui ont consacré à l'établissement de leurs enfants les travaux de toute leur vie, et
qui en ont fait l'espérance et le bonheur de leur existence
tout entière. Toutefois, il faut louer les rédacteurs du
code civil de n'avoir pas reproduit les anciennes ordonnances qui déclaraient indignes de toutes successions di-
rectes ou collatérales les enfants et leur postérité, lorsque
les père et mère n'avaient pas consenti au mariage. Ils
firent aussi acte de sagesse en refusant aux ascendants le
droit d'exhérédation. Un tel rigorisme ne pouvait se justifier que dans une société aristocratique, et à une époque
où l'on regardait comme d'ordre public d'empêcher les
enfants de *déroger*, de contracter une mésalliance.

Mais en déniant aux descendants toute action pour leur
établissement, le législateur s'est-il écarté des principes
de la justice? C'est bien certainement un devoir pour les
père et mère de doter leurs enfants, et ceux qui négligent
de l'accomplir sont dignes du mépris public. Il faut donc
reconnaître que si les rédacteurs du code civil avaient
suivi la voie tracée par le droit romain, et converti en
lien juridique cette obligation sociale, ils eussent rendu
hommage à une règle d'équité naturelle. Ils ne l'ont pas
fait; nous ne saurions cependant les en blâmer. Il était
sage, en effet, de s'en rapporter à l'affection paternelle.
Ce n'est pas que nous craignions qu'en se substituant à
la magistrature domestique l'autorité judiciaire devînt
tyrannique et attentatoire à la liberté individuelle. Toutes
les fois que les tribunaux se sont crus obligés de pénétrer
dans le sanctuaire de la famille, ils ont su n'agir qu'avec
discrétion et prudence, et jamais leurs investigations
n'ont présenté d'inconvénients sérieux. Ce que nous re-

doutons, c'est le scandale qui accompagne presque toujours les procès qui surgissent entre les père et mère et
leurs enfants. Aussi vaut-il mieux, à notre avis, constituer une autorité paternelle un peu despotique, que de
donner aux descendants une occasion, trop séduisante
peut-être, de relâcher des liens qu'il est du plus haut
intérêt de conserver intacts.

Un des moyens les plus énergiques qu'aient les ascendants de maintenir leurs enfants dans le devoir, consiste dans la faculté que leur accorde la loi de les priver
d'une partie de leur succession.

Laisser au père de famille, comme le faisait la loi des
douze tables, la disposition pleine et entière de tout son
patrimoine, ce serait une injustice, car bien souvent il
n'a pas gagné par son travail les biens qu'il possède. Il
ne les a même, le plus ordinairement, recueillis qu'à la
condition tacite de les transmettre à sa postérité. Quant
aux épargnes-amassées par les père et mère, leur laisser
le droit d'en disposer d'une manière absolue au préjudice
de leurs enfants, ce serait sanctionner un acte d'inhu-
manité contraire aux sentiments d'affection que toute
personne doit naturellement avoir pour sa progéniture.
Aussi tous les peuples, même ceux qui sont arrivés à un
degré peu élevé de civilisation, ont-ils restreint la liberté
des testateurs ou donateurs. Toutefois, pour que les ascendants puissent faire respecter leur autorité, il est juste
de leur permettre la libre disposition d'une fraction de
leur patrimoine. On ne pourrait d'ailleurs leur refuser,
sans iniquité, le droit de rémunérer dans une juste mesure les services rendus, d'accomplir dans des limites
raisonnables des actes de bienfaisance, et d'opérer, sous
la forme de libéralités, de véritables restitutions.

La quotité disponible une fois déterminée, défendra-

t-on de la donner à l'un des enfants, afin de maintenir
entre eux l'égalité et d'empêcher la réapparition déguisée
du droit d'aînesse? Contraindra-t-on le père de famille
à la triste nécessité de gratifier d'une partie de sa fortune des personnes qui lui sont étrangères? Ne pourra-
t-il, en punissant le fils insoumis et rebelle, récompenser
celui qui s'est toujours montré obéissant et affectueux?

Il y avait là, comme on le voit, bien des écueils; notre
code civil a su les éviter. Plus heureux que les législations qui l'ont précédé, il est parvenu à concilier des
principes toujours prêts à se combattre et à s'exclure.

Nous devons cependant signaler à l'égard de la puissance paternelle une réforme utile : elle est relative au
droit de correction. Le législateur n'eût pas dû permettre
au père de faire incarcérer ses enfants, quel que fût leur
âge, sans l'assentiment du juge chargé d'ordonner la
détention. C'est surtout dans une matière aussi délicate
qu'il convient que le magistrat statue toujours en connaissance de cause, après avoir apprécié la gravité des
motifs. L'emprisonnement est un remède dangereux : il
ne faut l'appliquer qu'aux natures gangrenées et non
aux caprices et aux bouderies d'un enfant.

Enfin, nous devons dire avant de terminer nos ob-
servations relatives aux droits de famille, qu'il y a quelques améliorations à introduire dans l'importante matière
des tutelles.

Malgré toutes les formalités protectrices des incapables,
il n'arrive que trop souvent que leurs biens soient mal
administrés et leur fortune dilapidée. Tantôt des intérêts
opposés ou des rivalités malheureuses divisent les membres des conseils de famille; tantôt, au contraire, des
relations d'amitié, de parenté ou d'affaires les empêchent
d'exercer sur les actes du tuteur une surveillance active.

La composition des conseils de famille offre d'ailleurs certaines difficultés. Pour en réunir les membres, il faut consulter les convenances de chacun.

Nous voudrions qu'au lieu de tous ces conseils, formés d'éléments hétérogènes et fonctionnant avec lenteur, il y eût par canton un conseil unique et permanent, composé de gens expérimentés et désignés par la confiance publique. A ce conseil appartiendrait le droit de nommer les tuteurs, de surveiller leur administration, de les astreindre à rendre des comptes périodiques, de donner enfin toutes les autorisations nécessaires. Il faudrait, en outre, exiger des conseillers cantonnaux certaines garanties de solvabilité, et les rendre tous solidairement responsables de leurs fautes ou négligences. Ce serait le moyen d'empêcher ces fonctions de devenir purement honorifiques, d'entourer les intérêts des incapables d'une surveillance énergique, et de fournir aux tribunaux de puissants auxiliaires.

Nous sommes arrivés à l'organisation de la propriété.

La meilleure loi, sous le rapport de sa constitution, est à notre avis celle qui s'efforce d'en favoriser la transmission et l'acquisition. C'est en passant de mains en mains que les biens s'améliorent, que leurs produits s'augmentent, que de nouvelles sources de travail sont créées; la circulation active des meubles et des immeubles, c'est la vie du commerce, de l'industrie, de l'agriculture; c'est pour tous la cause la plus féconde de bien-être. Qu'elle s'arrête complètement, la société éprouvera des commotions inouïes; les masses seront en proie à d'indicibles souffrances; tous les éléments d'ordre périront; les nations seront frappées de mort. Rien n'est aussi dangereux que la stagnation de la propriété. Les législations qui ont été les plus funestes à l'humanité sont sans contredit celles qui ont entravé la translation des biens, car en s'opposant au morcellement et au développement des richesses, elles ont arrêté pendant des siècles la conquête de l'égalité civile et de la liberté.

Cette idée n'a point échappé aux hommes qui ont assisté aux phases diverses par lesquelles a passé la propriété depuis 1789. Cependant, nous aurons occasion d'observer que le législateur du code civil manque quelquefois d'unité de vues et d'harmonie dans les diverses parties de son plan. Son œuvre n'est pas le produit d'un seul jet : s'il introduit de sages réformes, ces réformes ne sont presque toujours que partielles; il semble céder malgré lui aux nécessités de l'époque. Cela ne surprendra pas ceux qui auront remarqué qu'il n'a souvent fait que résumer les ouvrages des anciens auteurs, ouvrages éminents sans doute, mais qui sortent rarement de la sphère du droit positif pour entrer dans celle de la législation. Les jurisconsultes restent trop fréquemment au-dessous de leur mission; au lieu de s'élancer hardiment à la découverte des vérités législatives, de signaler les besoins du présent et de l'avenir, ils demeurent accroupis dans l'étude des faits accomplis, dans le domaine de la pratique; et même il n'est pas rare de les voir résister aux innovations et se rattacher à des principes surannés, afin de remonter le courant qui les entraîne. En un mot, leurs écrits, excellents pour éclairer l'esprit du juge, ne peuvent être pour le législateur un guide infaillible.

C'est par exemple une vérité de toute évidence que la circulation de la propriété ne peut être active si les mutations ne se révèlent par des signes apparents. Lorsqu'il faut de longues et pénibles recherches pour s'assurer quel est le véritable propriétaire, quelles charges grèvent le bien, lorsque les vices qui affectent l'acquisition ne se couvrent pas rapidement, lorsque enfin la législation est tellement compliquée qu'elle prête à la fraude et aux surprises à l'égard des acquéreurs, les ventes et échanges n'ont lieu qu'avec difficulté, les transactions ne s'opèrent qu'avec lenteur. Cette vérité, les peuples la proclament à leur berceau, au moment où cesse le règne de la violence et de la force matérielle. Ainsi à Rome, la propriété ne se transfère qu'à l'aide des formes saisissantes de la mancipation, de la cession juridique ou de la tradition ; l'usucapion s'accomplit avec une effrayante rapidité. Dans l'Attique, l'hypothèque révèle son existence par une colonne placée sur le champ hypothéqué ; chez les Romains elle est toujours, dans le principe, accompagnée de la possession.

Voulez-vous voir maintenant l'œuvre des jurisconsultes ? jetez un coup d'œil sur le mode d'acquisition des droits réels à l'avènement de notre première République. Les fictions et les subtilités ont renversé tous les anciens principes : l'hypothèque et la mutation de propriété sont insensiblement devenues occultes ; les délais de la prescription se sont accrus dans des limites exagérées ; des milliers d'obstacles à la circulation des biens ont surgi. Depuis cette époque, un législateur éminemment sage, celui du 11 brumaire an VII, nous a vainement tracé une marche nouvelle en inventant la transcription et l'inscription : les rédacteurs du code civil, sachant à peine tirer profit de cette précieuse innovation, se sont remis à suivre à peu de chose près les errements de l'ancien droit français.

On a le droit de s'étonner de ce que les auteurs du principal monument de notre législation privée, qui emploient quelquefois une centaine d'articles à développer un genre particulier de contrats, n'aient pas cru devoir en consacrer une douzaine à la translation de la propriété, et surtout qu'ils n'aient pas groupé en un seul faisceau les dispositions qui y sont relatives. Nous devons d'ailleurs reconnaître que la transmission des créances s'accorde parfaitement avec les nécessités du temps, et présente aux tiers des garanties suffisantes. Quant aux meubles corporels, nous ne saurions aussi trop approuver le législateur d'avoir introduit et généralisé la maxime *en fait de meubles, possession vaut titre*. Ce principe, dont les conséquences auraient peut-être besoin d'être plus clairement déduites, est une heureuse innovation. On peut le considérer comme un élément de la prospérité commerciale; car en proté-geant la bonne foi, en donnant toute espèce de sécurité aux acquéreurs qui n'ont à se reprocher ni manœuvres frauduleuses, ni négligences coupables, il facilite et mul-tiplie les conventions.

Mais nous ne pouvons nous expliquer pourquoi l'on n'a pas conservé en règle générale la transcription à l'é-gard des droits immobiliers. Sur quels motifs plausibles la distinction entre les donations et les contrats à titre onéreux a-t-elle été établie? L'intérêt des tiers, celui de la société tout entière, ne dépendent-ils pas dans tous les cas de la publicité de la transmission?

Quant au système hypothécaire actuel, personne ne doute qu'il n'ait besoin de réformes nombreuses, soit qu'on l'envisage au point de vue du crédit, soit qu'on le considère sous le rapport des entraves qu'il apporte à la circulation des biens. Conservera-t-on les bases de la théorie du code civil, c'est-à-dire l'inscription publique et spéciale, ou bien mobilisera-t-on, en quelque sorte, les immeubles en les assimilant à ces marchandises que les propriétaires déposent dans des entrepôts publics après estimation, et en échange desquelles ils reçoivent des bordereaux qu'ils peuvent ensuite conférer à des tiers au moyen d'endossements ou de la simple remise du titre? C'est là un problême qui préoccupe depuis bien long-temps les économistes et les hommes d'état, et que nous n'essaierons pas de résoudre. Nous nous contenterons de constater un fait révélé par l'observation et l'expérience : c'est que bien que les immeubles ne semblent pas par leur nature être doués de la faculté de se mouvoir avec autant de rapidité que les meubles, néanmoins leur mutation tend à s'accélérer avec les progrès de l'industrie et du commerce. Le législateur doit veiller à l'accomplissement de ce besoin social. S'il veut maintenir le système **actuel**, il devra généraliser la spécialité et la publicité de l'hypothèque, mettre plus d'unité dans ses dispositions, diminuer le nombre des priviléges et les classer dans un ordre différent; et lorsqu'il arrivera à la purge, lorsqu'il s'agira de rendre le bien à sa liberté primitive, il faudra qu'il soit simple dans ses formes, concis dans ses délais, et surtout qu'il se garde bien d'élever, comme aujourd'hui, une impasse infranchissable en face de l'acquéreur.

La prescription acquisitive réclame aussi de profondes modifications. Il ne faut pas sans doute qu'elle devienne un moyen de spoliation ; mais il est d'un haut intérêt d'effacer le plus tôt possible les vices qui accompagnent la transmission; car le possesseur qui craint d'être inquiété ne se livre à aucune amélioration, et ce n'est qu'avec difficulté qu'il parvient à aliéner un bien qui présente quelques chances d'éviction. Nous croyons qu'un délai uniforme de cinq années remplacerait avantageusement celui de dix et vingt ans qui protége la possession qui s'appuie sur un titre et sur la bonne foi. Un délai de dix ans suffirait pour consolider celle qui manque de l'une de ces deux conditions. Il n'y aurait ici, qu'on le remarque bien, aucun danger à craindre pour les droits légitimes. Puisqu'il est nécessaire pour prescrire que la possession soit pendant le temps requis continue, sans interruption, paisible, publique, à titre de propriétaire, il ne serait en réalité possible de perdre sa propriété que lorsqu'on ferait preuve de la plus insigne négligence. Ce n'est d'ailleurs pas une théorie nouvelle que celle qui réclame l'abrégement de la prescription. Sans remonter à la loi des douzes tables, les coutumes du Maine, d'Anjou, de Bayonne, d'Artois et beaucoup d'autres, démontrent suffisamment qu'on a jamais cessé de lutter contre l'excessive longueur des délais que le droit romain avait transmis à notre ancienne législation, et que le code civil a à peu près conservés. Si l'on veut, au reste, prendre la peine de comparer l'immense étendue de l'empire romain et les difficultés inouïes que devait éprouver la locomotion avec la grandeur de la France et la rapidité des communications qui règne aujourd'hui, on pourra se convaincre combien les restrictions que nous proposons sont rationnelles.

Les causes qui empêchent la prescription, en affectant la possession du vice de précarité, ou qui en suspendent le cours en faveur de certaines personnes, peuvent amener par leur combinaison le dépouillement du possesseur après plusieurs centaines d'années. Il serait éminemment utile qu'elles cessassent d'apporter un obstacle presque indéfini à l'acquisition de la propriété, et ne pussent avoir d'effet que pendant un espace de temps déterminé dans d'étroites limites.

L'intérêt public recommande encore d'abréger les délais dans les ventes de biens de mineurs, les expropriations forcées et la matière de l'absence. Le même besoin se fait partout sentir d'une manière générale. Il serait enfin à désirer qu'on établît plus d'uniformité dans les différentes prescriptions. Ce serait le moyen de couper court à toutes ces questions juridiques qu'engendre la trop grande variété des dispositions légales, et d'atteindre, en restreignant le nombre et la durée des procès, un résultat que doit toujours se proposer une législation progressive.

L'inaliénabilité temporaire, par cela seul qu'elle paralyse la circulation des biens, est une chose funeste. Nous la regardons comme tellement contraire au développement de la prospérité nationale, que nous voudrions voir proscrire d'une manière absolue toute convention ou déclaration ayant pour but de l'établir.

Sans parler des substitutions de la loi de 1826 et des majorats, sur lesquels nous aurons occasion de revenir, nous hésitons beaucoup à approuver les substitutions permises par le code en faveur des petits enfants et des neveux. Il n'y a rien là sans doute qui déroge aux règles de la justice et de l'égalité; bien au contraire, on a fait servir à l'accomplissement d'un devoir d'humanité une institution qui avait été jadis un élément d'aristocratie. Mais tout ce qui peut entraver pendant un temps considérable l'aliénation des biens immobiliers est pernicieux; aussi eût-il été plus sage à notre avis de ne tolérer ce genre de substitution que sur des valeurs mobilières, des rentes sur l'état, par exemple, sauf à prendre toutes les précautions nécessaires pour en assurer la restitution aux institués.

Le régime de la dot est encore moins favorable peut-être que les substitutions permises par le code civil.

L'inaliénabilité de l'immeuble dotal nous vient de la loi Julia et des constitutions de Justinien. A une époque où la fréquence du divorce, laissé au libre arbitre des époux, avait amené les mœurs romaines à un degré de dépravation inouï, les empereurs sentirent la nécessité de régénérer la société menacée d'une désorganisation complète : de là ces rigueurs contre les célibataires et les personnes privées d'enfants ; de là ces faveurs accordées à la procréation des enfants légitimes et ces peines contre les femmes qui ne se remariaient pas dans un bref délai ; de là enfin la défense d'aliéner et d'hypothéquer la dot, considérée comme d'ordre public, afin que la femme divorcée ou veuve, pût retrouver un second mari.

Mais le législateur n'atteignit pas le but qu'il s'était proposé ; le remède ne fit qu'effleurer le mal sans le déraciner. Il ne suffisait pas de soustraire la dot à la propriété du mari ; les rapports matrimoniaux avaient besoin de réformes plus radicales. Il fallait abroger le divorce, et substituer l'association au régime dotal, qui fait des époux deux êtres indépendants, ayant des intérêts distincts. C'est aux institutions germaniques et au christianisme qu'il fut donné d'accomplir cette œuvre, en créant le régime de la communauté et l'indissolubilité du lien conjugal.

La communauté a élevé la femme en la faisant participer aux épargnes du mariage et en lui imposant le devoir d'y contribuer ; c'est un élément de moralisation, d'égalité, de démocratie. Le régime dotal, au contraire, condamne les biens à l'immobilité et les époux à l'inaction ; il tue le crédit, et ne convient, par cela même, qu'aux personnes opulentes. C'est une de ces institutions qui ont exagéré le principe de conservation des biens dans les familles, et auxquelles l'aristocratie se rattache comme à une dernière planche de salut.

Lors de la rédaction du code civil, tout semblait présager l'abolition de l'inaliénabilité de la dot : le motif qui avait présidé à son introduction n'existait plus, et le droit de nos pays coutumiers prouvait assez que la fortune n'avait pas besoin de ce surcroît de garanties; d'un autre côté, les rédacteurs du projet et la section de législation comprenaient combien il était important de favoriser la transmission des propriétés : le conseil d'état eut le tort de céder aux réclamations des tribunaux et des praticiens des anciens pays de droit écrit. Et tels sont les égarements de l'esprit humain, que la jurisprudence, au mépris des nécessités sociales et contre l'opinion presque unanime des auteurs, applique aujourd'hui à la dot mobilière les dispositions qui ne régissent évidemment que l'immeuble dotal !

Les possessions territoriales de l'état, des communes, des hospices et autres établissements d'utilité générale, sont aussi une entrave au morcellement et à la circulation de la propriété. Ces biens sont en quelque sorte frappés d'inaliénabilité perpétuelle, car le propriétaire ne se décide guère à vendre que lorsqu'il y est poussé par une nécessité impérieuse ou par le désir de réaliser un bénéfice évident. La longueur et la complication des formalités protectrices des établissements publics, tarissent d'ailleurs la source des conventions si fréquentes entre particuliers : les êtres moraux ne sont point animés de ce sentiment d'affection qui porte le propriétaire à faire sur sa chose des dépenses improductives pour lui, mais utiles pour les masses auxquelles elles donnent du travail et de l'argent. Les difficultés de l'administration et de la surveillance les empêchent de cultiver, par eux-mêmes, ou de former avec leurs fermiers ces associations qui contribuent si puissamment au bien-être social. Loin de là, la crainte d'éprouver un préjudice les engage souvent à exiger des cautions ou des paiements anticipés, de telle sorte que le travailleur se trouve dépouillé de tous moyens efficaces de production. Il est utile sans doute que la propriété soit exploitée par des corporations;

là où la culture nécessite des milliers de bras, là où il
faut des avances pour recueillir, là où le morcellement
est contraire aux intérêts généraux; mais pour les autres
biens, il est urgent de les rendre au domaine des particuliers. Qu'on les vende, et qu'on emploie le prix en achat
de rentes sur l'état, les établissements publics eux-mêmes y gagneront, car ils verront aussitôt leurs revenus
s'accroître et leur gestion se simplifier.

Ce qui nuit encore singulièrement dans notre législation à l'affranchissement de la propriété, et jette l'incertitude dans son état, ce sont les causes innombrables de
résolution ou de nullité qui atteignent les tiers. Les unes
sont l'application du droit que chacun a d'aliéner son
bien à telles conditions qu'il veut; les autres dérivent
de ce principe que nul ne peut transférer à autrui plus
de droits qu'il n'en a lui-même; d'autres enfin sont pro-
noncées par la loi pour des raisons diverses.

On ne peut contester au législateur, qui puise ses ins-
pirations dans l'intérêt social, le pouvoir de limiter la
liberté des contrats et de conférer aux tiers des droits
qu'ils tiendront directement de sa volonté. La prescription acquisitive, la règle *en fait de meubles, possession
vaut titre*, sont des manifestations frappantes de cette
toute-puissance législative que nous voudrions voir in-
tervenir plus souvent dans les causes d'annulation ou de
rescision.

Il serait à désirer, par exemple, que l'action en réduction pour excès de quotité disponible, la résolution
des donations et des contrats onéreux pour inexécution
des conditions, les stipulations de retour, les rescisions
pour dol, erreur, violence, défaut de capacité, les actions
en garantie de partage, toutes les annulations fondées
sur la lésion, dans les partages ou dans les contrats, ne

pussent aucunement réagir contre les tiers-acquéreurs de la pleine propriété ou de droits réels. Quand des mains du donataire, du co-contractant ou du co-partageant la chose aurait passé à titre singulier entre celles d'un tiers que l'on ne pourrait accuser de manœuvres dolosives, la transmission demeurerait désormais indélébile, et le bien ou le droit aliéné ne pourraient revenir à l'ancien propriétaire qu'à un titre nouveau, et non en vertu de son droit primitif.

Il existe certaines causes de révocation que nous voudrions voir supprimer complètement, non seulement à l'égard des tiers, mais encore à l'égard des parties elles-mêmes. De ce nombre sont : la rescision pour lésion en matière de vente, le pacte de rachat et la résolution des donations pour survenance d'enfant.

La rescision des ventes entre majeurs pour cause de lésion est une exception malheureuse à un principe général, car elle vient dans le plus fréquent des contrats détruire l'égalité entre les parties, et encourager l'une d'elles à se départir de la surveillance qu'elle doit à ses intérêts. Telle qu'elle est organisée, au lieu de fournir un secours efficace aux personnes que le besoin d'argent contraint de vendre leurs biens à bas prix, elle ne sert guère qu'à faire naître un stérile prétexte de chicane dans l'esprit du vendeur qui regrette de n'avoir pas su profiter des circonstances.

A l'égard du pacte du rachat ou retrait conventionnel, nous ferons une observation à peu près identique. Par cela seul que le vendeur se réserve de rentrer dans son bien, il est porté à l'aliéner moins cher et doit trouver des acquéreurs moins empressés. Le réméré n'étant d'ailleurs stipulé que pour un temps très court, il n'est pas probable que celui qui vend sa propriété sous l'empire d'une nécessité pécuniaire puisse rembourser à l'échéance non seulement le prix reçu, mais encore les frais de mutation et ceux du contrat. Au lieu de suspendre les améliorations que l'acheteur se gardera bien de faire tant que la chose pourra sortir de ses mains par l'exercice de la condition résolutoire, au lieu de tolérer un pacte qui couvre fréquemment des conventions usuraires, n'eût-il pas mieux valu, en interdisant le rachat, protéger le propriétaire qui a besoin d'argent contre ce sentiment naturel qui le pousse à conserver ses biens par des emprunts multipliés, lorsqu'il n'y aurait souvent pour lui d'autre moyen de se préserver d'une ruine totale que d'aliéner promptement une partie de son patrimoine, afin de solder un passif que le cumul successif des intérêts doit amener tôt ou tard à un développement imprévu? Le législateur doit veiller sur le débiteur qui, se laissant séduire par l'espoir d'un meilleur avenir, s'endord imprudemment en poursuivant de fatales chimères, et trouve à son réveil sa fortune tout entière engloutie.

Nous voudrions enfin voir abolir la résolution des donations pour cause de survenance d'enfant. Bien qu'elle fût inconnue aux Romains, elle tire cependant son origine de la loi 8. *Code. De revocandis donationibus.* Cette loi ordonne à l'affranchi de restituer à son patron, auquel il est survenu des enfants, le don qu'il en a reçu. Telle est la révocation toute exceptionnelle, et qui se justifiait d'ailleurs par la nature des rapports si intimes qui existaient entre l'affranchi et son ancien maître, que les commentateurs ont étendue à toute donation, fût-elle modique, rémunératoire, mutuelle, en faveur de mariage; le donateur eût-il renoncé à la résolution ou confirmé la libéralité; l'enfant fût-il mort depuis. Tous les droits conférés aux tiers sont anéantis, même les plus sacrés, ceux qui ont été la condition expresse du mariage du donataire. Enfin, pour comble d'arbitraire, le cours de la prescription est enlevé aux règles ordinaires. De pareilles dispositions n'offraient sans doute rien d'irrationnel à une époque où l'on voulait à tout prix conserver les biens dans les familles; mais toute législation qui a le désir de protéger la foi des contrats et la liberté de la propriété, doit se hâter de les faire disparaître.

Le fractionnement de la richesse sociale, lorsqu'il se produit par des moyens légitimes, est éminemment démocratique. Mais il ne faut pas le confondre avec le parcellement des biens, qui, dans certains cas, peut amener des résultats contraires à l'intérêt général. Aussi est-ce avec raison que l'article 832 du code civil recommande d'éviter dans les partages le morcellement des héritages et la division des exploitations. C'est encore pour ce motif que l'on devrait défendre à plusieurs personnes de posséder respectivement les différents étages d'une maison, ou réserver à chacun des propriétaires des étages le droit de demander la licitation, pour sortir d'une position qui a, comme l'indivision proprement dite, le fort grave inconvénient d'entraver les améliorations et d'être un foyer de discordes.

Le droit de propriété est complexe; il se décompose en une multitude de démembrements. On doit écarter avec soin tous ceux qui pourraient ressusciter les institutions féodales, ou s'opposeraient au développement de la production. En cette matière, il sera toujours bon de se souvenir que plus le droit du propriétaire est étendu, plus il a d'affection pour sa chose, et plus il est porté à l'améliorer. Ici se rattachent de nombreux problèmes que l'expérience seule peut résoudre. Nous nous contenterons d'indiquer les suivants :

Les servitudes personnelles d'usage et d'habitation et le droit d'antichrèse ne sont-ils pas un obstacle au crédit

public?—Ne devrait-on pas assimiler la rente dite fon=
cière à la rente constituée?—Ne serait-il pas utile de
proscrire les usufruits légaux, lorsqu'on ne se trouve pas
dans un cas spécial qui présente des garanties suffisantes,
pour la bonne et intelligente administration des biens
qui y sont soumis?—Ne serait-il pas nécessaire de res=
treindre la durée pour laquelle on peut consentir des
baux, des amphitéoses, des concessions de superficie.....?
—Ne serait-il pas convenable d'abréger les délais requis
pour l'acquisition ou l'extinction des servitudes par l'u-
sage....?

Il n'entre point dans notre sujet de signaler tous les
moyens à l'aide desquels on peut accélérer la production
et augmenter le bien=être matériel de la société. Nous
nous dispenserons donc d'entrer dans de plus longs dé-
tails. Qu'on veuille bien cependant nous permettre une
courte réflexion avant de terminer la partie de nos ob=
servations qui a plus spécialement trait à la constitution
de la propriété.

Nos lois de finances sont souvent en désaccord avec les
principes d'une saine économie politique, et cela est surtout vrai en ce qui concerne les mutations de propriété.
On n'a pas su distinguer par des différences assez sensi-
bles dans la perception des droits les mutations entre=vifs
et les mutations à cause de mort.

Les droits qui pèsent sur les ventes, adjudications.....
sont une entrave permanente aux transactions de propriété, car celui qui veut aliéner ne peut se résigner à
perdre les frais qu'il a payés, et celui qui se présente
pour acquérir, loin de vouloir les supporter, fait entrer
au contraire dans le prix qu'il offre les nouveaux débour-
sés qui tomberont à sa charge. Une forte réduction des
droits de mutation entre-vifs et principalement de ceux
auxquels donnent lieu les contrats à titre onéreux, pro-

duirait, nous le croyons, dans un court espace de temps, des améliorations immenses dans l'état de la propriété foncière.

Les transmissions que la législation fiscale peut frapper impunément, pourvu qu'elle ne porte aucune atteinte indirecte au droit de propriété, ce sont celles qui s'opèrent d'une manière forcée, inévitable, celles où la mort se charge elle-même de remplir les caisses de l'état. De ce nombre sont les successions *ab intestat*, les legs, les aliénations à rente viagère. Ces dernières surtout pourraient être grevées de droits très élevés, car elles nuisent à l'intérêt public en enlevant au vendeur qui s'est réservé l'usufruit l'envie d'améliorer, et en faisant quelquefois peser sur l'acquéreur des charges si lourdes, qu'il est privé des ressources nécessaires pour gérer utilement son patrimoine. Et d'ailleurs, les acquisitions que le législateur doit favoriser sont celles qui sont le fruit du travail. Il ne doit aucune protection aux spéculations qui dépendent uniquement du hasard, de la vie ou de la mort d'une personne, et qui ne laissent pas de présenter de plus ordinairement des conséquences peu morales.

Nous arrivons aux successions.

C'est ici que le droit public doit exercer une influence profonde sur le droit civil; chaque nature de gouvernement a son système successoral.

Le principe vital des sociétés aristocratiques, celui qui a inspiré la plupart des dispositions de nos anciennes coutumes, c'est la conservation des biens dans les familles. Toutes les lois successorales, depuis les douze tables jusqu'au code civil, y compris même la législation de l'an II, ont, à notre avis, exagéré ce principe. Il faut

sans doute, si l'on ne veut porter une atteinte très grave
à la famille et à la propriété, maintenir les droits d'hérédité à l'égard des parents en ligne directe et en faveur
de certains collatéraux; mais l'on doit toujours se rap-
peler que le lien qui unit les membres de la famille,
c'est l'affection : là où s'arrête l'affection, là finit la
famille; là doit aussi cesser le droit de succession.

Il est de l'essence d'une législation démocratique de
disperser la fortune entre les différentes branches de la
famille. Elle doit éviter, non seulement les répartitions
inégales, mais encore le cumul des successions sur une
seule tête. Ce fut le but que se proposa d'atteindre la loi
du 17 nivôse : l'application de cette loi eût, au bout d'un
ou deux siècles, produit les plus grands bienfaits.

Toutefois, nous croyons que le principe qui doit servir
de régulateur à tous les autres est celui de l'affection
présumée. Le législateur qui ne veut pas exposer ses règles à être incessamment violées par la volonté des mourants, doit en quelque sorte faire le testament du défunt,
et appeler à recueillir sa fortune les parents auxquels
il est probable qu'il l'eût laissée lui-même, s'il eût songé
à en disposer. C'est sur cette volonté présumée que repose le droit de succession, et c'est à elle qu'il appar-
tient de fixer, en général, le rang des héritiers, de cir-
conscrire les limites du droit d'hérédité, et de déterminer
le point où doit s'arrêter le fractionnement.

Pour élever une théorie nouvelle en harmonie avec
les principes de la démocratie, il ne sera pas inutile de
jeter, de temps en temps, un coup d'œil sur le passé, et
de rechercher par quelles combinaisons s'est successivement développée une institution qui touche de si près
à la constitution de la famille et de la propriété. Nous
n'exposerons pas cependant les différents systèmes qui
s'appuient sur l'élément aristocratique. A quoi pour-

raient en effet nous servir aujourd'hui l'ordre des aguats, des gentils, des cognats, les droits de patronage, la succession des propres? Quelle utilité y aurait-il à débrouiller ce dédale des hérédités civiles et des possessions de biens prétoriennes, auxquelles notre code semble avoir emprunté sa division des héritiers légitimes et des possesseurs aux biens, division qui n'a guère servi jusqu'ici qu'à jeter la confusion dans les esprits?

Ce qui devra attirer notre attention, ce sont les novelles de Justinien, où domine presque toujours le principe de l'affection présumée. Elles revèlent l'influence civilisatrice du christianisme, qui dépouille peu à peu la société ancienne de son empreinte aristocratique, et la ramène à des idées d'égalité et de justice. Elles ont fait la base de notre vieille législation française, dans la succession des biens dont on ne considérait ni la nature, ni l'origine, pour en régler la dévolution; sous ce rapport, elles méritent encore d'être étudiées. Mais ce qui est surtout digne de faire l'objet de nos méditations, ce sont les lois de notre première République, et notamment celle du 17 nivôse an II, qui a été quelquefois le guide des rédacteurs du code civil, et dont malheureusement on n'a pas su toujours apprécier les conséquences démocratiques.

Nous examinerons en quatre paragraphes distincts la succession des descendants, celle des ascendants, celle des collatéraux, et le concours des collatéraux et des ascendants.

§ 1<sup>er</sup>. *Succession des descendants.* — Les rédacteurs de la loi de nivôse et du code civil ont rétabli ici les principes d'égalité qui avaient disparu dans notre législation coutumière : c'est dire suffisamment qu'ils n'ont rien

laissé à innover en cette matière aux législateurs futurs.

§. 2. *Succession des ascendants entre eux.* — Les ascendants ont sous l'empire du code civil, outre leur qualité d'héritiers ordinaires, un droit anormal qui leur permet de prendre exclusivement à tous autres les biens
donnés par eux à leurs descendants morts sans postérité,
lorsque ces biens se retrouvent en nature dans leur succession. Cette dérogation à la règle générale de l'article
732 n'est pas suffisamment motivée. Dirait-on en effet,
pour la justifier, qu'elle tend à favoriser les donations en
faveur des descendants? Cela ne serait pas juste, puisque
le donateur est, dans tous les cas, maître de stipuler le
droit de retour, qui produirait même des résultats plus
avantageux pour lui. Allèguerait-on qu'il est équitable
que le bien donné retourne à l'ascendant, lorsque le descendant est mort sans en avoir disposé? Mais n'est-ce
pas là un motif qui s'applique également au droit de
succession de tous les ascendants en général? Un enfant
ne tient-il pas presque toujours de la générosité de ses
auteurs les biens qu'il possède?

L'application de ce droit de succession donne lieu fréquemment aux conséquences les plus iniques. Si par
exemple le défunt a reçu des biens de plusieurs ascendants, il a pu disposer des uns et garder les autres. Est-
ce à dire qu'il ait par là voulu indiquer qu'il affectionnait
davantage le donateur du bien qu'il a conservé, que le
donateur du bien aliéné? Non, sans doute. Et pourtant,
il pourra arriver que le premier prenne, en vertu de
l'article 747, la totalité de la succession, tandis que l'autre, qui aura peut-être donné à son descendant des
valeurs beaucoup plus considérables, n'aura rien à reprendre, parce que ces valeurs auront été perdues ou

dissipées ! Ce droit n'est donc pas une règle de justice infaillible; rien ne prouve que le défunt préférât l'ascendant donateur à ses autres parents. Il complique en outre singulièrement la théorie successorale du code civil par les controverses innombrables qu'il suscite. On a donc commis une erreur législative en conservant ce vestige des anciens principes, erreur d'autant plus grave que la loi de l'an 11 avait pris le soin de la faire disparaître. L'histoire de cette succession exceptionnelle suffit d'ailleurs pour montrer comment les jurisconsultes dénaturent les institutions primitives, et combien il est difficile de quitter ensuite les voies de la routine.

Quant à la succession régulière des ascendants, voici quels ont été les différents systèmes de législation : D'après la plupart des coutumes et la loi de nivôse, les ascendants les plus proches excluent les plus éloignés, et ceux du même degré partagent par têtes. La novelle 118 fait exception à ces principes, pour le cas où les ascendants maternels ne sont pas du même degré que les ascendants paternels. Le code divise la succession entre les deux lignes; dans chacune, l'ascendant le plus proche exclut le plus éloigné.

Ainsi, à aucune époque, on n'a admis la représentation ou le partage par souches entre les ascendants. Ce qu'il y a surtout de remarquable, c'est que la loi du 17 nivôse, qui, dans un but démocratique, morcelait la propriété entre les collatéraux, n'ait pas songé à la fractionner aussi entre les ascendants. Il était profondément illogique d'admettre les fentes et refentes et la représentation à l'infini en ligne collatérale, et de conserver pour les ascendants la proximité de degré et le partage par têtes. Les rédacteurs de cette loi ne semblent pas avoir compris que diviser une succession entre les ascendants, c'est par là même la diviser entre les collatéraux, puisque les ascendants sont la souche des collatéraux, et doivent, suivant l'ordre de la nature, leur transmettre les biens qu'ils auront recueillis.

Nous introduirons les fentes et refentes successives dans l'ordre des ascendants. Ce sera le point de départ de notre théorie successorale.

§. 3. *Succession des collatéraux entre eux.* — D'après les novelles, le plus proche collatéral excluait le plus éloigné; la représentation si équitable, si favorable à la division des fortunes, n'était admise qu'en faveur des neveux et nièces; enfin, les frères et sœurs germains ou leurs représentants excluaient les frères ou sœurs utérins de la totalité de la succession.

Il y avait une grande divergence dans les coutumes. Celles de Paris et d'Orléans n'accordaient la représentation aux neveux ou nièces que pour les faire concourir avec les frères ou sœurs; elles admettaient, contrairement aux novelles, les oncles ou tantes concurremment avec eux. Si les neveux ou nièces étaient seuls, ils partageaient par têtes. Certains pays avaient entièrement rejeté la représentation en ligne collatérale, tandis que d'autres coutumes, du nombre desquelles étaient celles du Maine, d'Anjou, de Touraine, l'avaient admise à l'infini. Ces dernières, qui ont fourni à la loi du 17 nivôse l'une de ses dispositions les plus importantes, avaient pour but de conserver l'égalité entre les lignes; les frères, sœurs et leurs descendants, les oncles, tantes et leur postérité, les grands oncles, grand'tantes et leur race..... formaient autant de classes séparées, autant d'ordres successifs d'héritiers, respectivement appelés les uns après les autres. Beaucoup de coutumes avaient conservé, plusieurs mêmes avaient étendu la prérogative du

double lien, introduite par les novelles; mais la jurisprudence, la considérant comme exorbitante, tendait à
la restreindre de plus en plus. Au reste, il est bon de remarquer que, soit que la prérogative s'appliquât ou non,
il se produisait toujours une injustice, puisque dans un
cas le parent du simple lien était exclu, et dans l'autre
avait droit au partage égal avec le parent *ex utroque la-
tere.* Le législateur n'avait pas encore trouvé l'expédient
qui devait remédier à ce mal.

La loi du 17 nivôse an II, amendée par celle du 12 plu-
viôse an VI, se prêtait merveilleusement à la division des
fortunes en ligne collatérale. Il s'opérait d'abord une
fente entre les deux lignes paternelle et maternelle, puis
des refentes successives à l'infini entre les branches, sub-
divisions et arrière-subdivisions de lignes. Il n'y avait
dévolution d'une ligne à l'autre, d'une branche à l'autre....... que lorsqu'il n'existait aucun successible, soit
dans toute la ligne, soit dans la branche. La représentation avait lieu à l'infini, de sorte que tout collatéral
issu d'un ascendant plus proche excluait dans sa ligne, sa
division ou sa subdivision de ligne, tout collatéral descendant d'un ascendant plus éloigné. Dans une pareille
législation, la prérogative du double lien devait naturellement disparaître; aussi arrive-t-on à une règle tout-à-
fait rationnelle en décidant que les collatéraux descendant des auteurs de plusieurs branches recueilleront la
portion à laquelle ils sont respectivement appelés dans
chaque branche, tandis que les parents du simple lien
prendront seulement part dans leur branche.

Notre code civil divise les collatéraux en deux classes;
aux uns il accorde des priviléges qu'il refuse aux autres.
Les collatéraux privilégiés sont les frères, sœurs et leurs
descendants; ils composent en réalité un ordre à part,
ayant des bénéfices spéciaux. Ainsi ils jouissent non seu-

lement de la représentation à l'infini, mais encore ils excluent tous les autres collatéraux, alors même qu'ils viennent sans le secours de la représentation. Il y a en outre cela de remarquable qu'un arrière-neveu, issu d'un frère utérin ou consanguin, prend la succession par préférence à tous les collatéraux ordinaires, y compris ceux d'un degré plus proche. Quant aux autres collatéraux, le code établit une sorte de transaction entre la loi de l'an II et la législation de Justinien. Il admet bien d'abord une fente entre les deux lignes paternelle et maternelle, en sorte que les parents du simple lien ne prennent part que dans leur ligne; mais cette première fente opérée, il n'y a plus lieu à des refentes successives; on ne considère plus de quel ascendant un collatéral est issu; point de représentation, le plus proche exclut toujours dans sa ligne le plus éloigné.

De tous ces systèmes, celui du 17 nivôse est évidemment le plus démocratique; on doit en conserver les bases. Les fentes et refentes successives, et la représentation à l'infini qui morcellent les biens entre les diverses branches de la famille et maintiennent entre elles l'égalité, doivent non seulement exercer une heureuse influence sur la constitution de la propriété, mais ce sont encore des principes qui reposent sur la plus stricte équité.

Nous ne croyons donc pas que les frères ou sœurs et leurs descendants doivent continuer à faire un ordre à part. Pourquoi, en effet, le petit-fils d'un frère utérin excluerait-il l'oncle paternel? N'est-ce pas assez pour lui d'avoir, comme dans la loi de l'an II, le pas sur tous les collatéraux de sa ligne?

Nous voudrions aussi que les descendants d'un héritier indigne ou renonçant fussent admis à le représenter.

L'opprobre ou le mauvais vouloir d'un successible ne doit pas préjudicier à sa postérité. Admettre le contraire, c'est entraver la division des fortunes, et se mettre en opposition avec les principes les plus élémentaires de la justice.

Il s'élève à l'égard des successions collatérales une question qui touche de fort près aux bases de la propriété et de la famille; elle consiste à savoir si tous les collatéraux, quelque éloignée que soit leur parenté, seront admis à succéder.

La législation romaine, les coutumes, la loi de l'an II n'avaient fixé aucune limite. On est cependant d'accord qu'il est convenable d'en poser une, ne serait-ce que pour éviter des difficultés inextricables dans les recherches de parenté. Le code civil est entré dans cette voie en déclarant inhabiles à succéder les parents au delà du douzième degré. Faudrait-il s'en tenir là aujourd'hui? Posons les principes qui peuvent nous conduire à la solution de ce problème.

Dans un état démocratique, le système successoral doit puiser ses règles dans la nature. Lorsque les membres d'une même famille commencent à ne se plus connaître, à ne plus vivre dans l'intimité que produisent les liens du sang, lorsque la parenté est tellement reculée qu'elle n'engendre plus l'affection, lorsque enfin on ne peut plus supposer au défunt l'intention de transmettre ses biens à des parents aussi éloignés, il ne doit plus y avoir de droits de succession; autrement l'hérédité ne sert qu'à perpétuer la fortune dans les familles dans un but aristocratique. Jamais on ne devrait oublier que la famille repose moins sur la communauté d'origine que sur les sentiments d'affection. N'est-il pas bizarre qu'un cousin que le défunt n'a jamais vu, dont peut-être il ne soup=

connaît pas l'existence, et que l'on ne parvient quelquefois à découvrir qu'après de longues et pénibles recherches, vienne s'emparer des biens d'un parent inconnu? La dévolution des successions devrait-elle donc être ainsi le résultat d'une espèce de coup de fortune, d'un caprice du hasard?

Nous ne saurions d'ailleurs admettre que le fisc soit défavorable en cette matière. Jusqu'ici toutes les théories successorales ont été en quelque sorte organisées en haine de l'État; il semble que ce soit un malheur qu'une personne décède sans héritiers. Nous aimerions au contraire à voir le cercle des successions en déshérence agrandi devenir une branche importante du revenu public. Nul n'aurait le droit de s'en plaindre, ni le mourant dont on respecterait la liberté de disposer, ni ses parents, puisqu'ils n'étaient pas placés assez haut dans son affection pour qu'il se soit donné la peine de faire un testament en leur faveur.

Toutefois, hâtons-nous de le dire, nous sommes ici sur une pente rapide : gardons-nous bien de nous laisser entraîner. Si le législateur est maître de régler le droit de succession, il y a certaines limites qu'il ne peut franchir sans devenir spoliateur, sans attenter au droit de propriété et aux principes sacrés de la famille. Il serait aussi injuste de dépouiller toute la parenté collatérale qu'impolitique de lui accorder des droits successoraux jusqu'au douzième degré. La loi peut se montrer avare, mais elle doit éviter d'établir d'une manière détournée la plus odieuse de toutes les confiscations.

Ainsi ce n'est certes pas lorsqu'on a décrété la fraternité universelle que l'on pourrait songer à effacer les droits de succession des frères et sœurs.

Le législateur ne peut manquer d'admettre comme héritiers les neveux ou nièces ou leurs descendants, car ils succèdent à l'affection que nous avions pour leur père ou pour leur mère. Quand nous n'avons pas de postérité, ils nous en tiennent lieu, et nous reportons sur eux, comme sur de véritables enfants, notre amour et nos espérances.

Il serait encore trop rigoureux d'omettre les oncles, tantes, grands-oncles, arrières grands-oncles..... Ils ont peut-être vu les biens que comprend l'hérédité de leur neveu ou arrière-neveu entre les mains de leur père, de leur aïeul, de leur frère; ils ont pu dès lors légitimement espérer qu'ils les possèderaient un jour; et ce ne pourrait être sans un profond chagrin qu'ils verraient l'état se les approprier. Il arrive d'ailleurs fréquemment que le neveu doit à la générosité de son oncle l'avantage de laisser une succession opulente : très-souvent aussi l'oncle aura administré avec probité la fortune de son neveu, dirigé avec zèle son éducation. Enfin, l'affection entre oncles et neveux est assez vive pour donner naissance à un droit de succession réciproque.

A partir du degré de cousin germain, l'intimité commence à s'affaiblir d'une manière sensible. Nous n'appellerions plus à succéder que les descendants des oncles ou tantes prédécédés, indignes ou renonçants. Ces descendants jouiraient du bénéfice de la représentation dans toute sa plénitude, ainsi que cela ressort de l'ensemble de notre système, et l'on ne se mettrait plus en contradiction avec le bon sens public, comme le fait le code en préférant les oncles aux cousins germains, et ceux-ci à des cousins plus éloignés.

Nous n'accorderions aucun droit à la postérité des grands-oncles et arrière-grands-oncles. Le plus souvent, en effet, le défunt ne la connaît pas ou la voit avec indifférence. Rien ne l'empêcherait d'ailleurs, au cas contraire, de lui faire des libéralités; mais, comme sa volonté de lui transmettre ses biens est ordinairement peu probable, la loi devrait le mettre dans l'obligation de la manifester.

§ 4. *Concours des ascendants et des collatéraux.* — D'après les novelles, les ascendants excluent en principe les collatéraux. Il n'y a d'exception que pour les frères, sœurs, neveux ou nièces, qui sont admis à concourir avec eux.

Les collatéraux sont encore moins favorablement traités par nos coutumes. Ainsi, à Orléans, les frères et sœurs concourent seuls avec les ascendants; encore n'ont-ils droit qu'à la nue-propriété des acquêts. A Paris, les ascendants priment tous les collatéraux sans aucune distinction.

La loi du 17 nivôse suit une marche contraire à celle des législations antérieures; les collatéraux ne sont pas, il est vrai, préférés aux ascendants d'une manière absolue, mais tout collatéral exclut les ascendants dont il est issu, et les ascendants du même degré qu'eux. Il suit de là que l'ordre des ascendants et celui des collatéraux ne viennent jamais concurremment à la même succession.

Les ascendants ne priment donc que les collatéraux issus d'un ascendant d'un degré plus éloigné qu'eux : ce qui est une injustice évidente, car le père est d'un degré plus proche et par conséquent plus favorable que le frère et le neveu; le grand-père est certainement placé plus haut dans notre affection, que l'oncle et le cousin germain.

Quel motif a donc pu faire quitter au législateur de l'an II la voie tracée par les précédents, et violer les règles de l'équité naturelle en préférant les branches à la souche? Peut-être n'a-t-il pas aperçu, ainsi que nous l'avons déjà dit, que sous le rapport du morcellement de la propriété, il importe peu que l'hérédité soit dévolue aux ascendants ou aux collatéraux, puisque les premiers doivent un jour transmettre aux seconds les biens qu'ils auront recueillis. Peut-être aussi n'a-t-il pas conçu son plan avec assez d'ensemble et de maturité, et n'a-t-il pas compris que toutes les dispositions d'un système successoral s'enchaînent étroitement entre elles. Dès lors qu'il introduisait dans un ordre les fentes et les refentes, et la représentation à l'infini, en maintenant dans l'autre le partage par têtes et la proximité de degré, il devait se trouver infailliblement entraîné d'abord à éviter tout concours entre les collatéraux et les ascendants, parce qu'il était impossible d'accorder sur un même point des principes directement contraires; et, en second lieu, à préférer les collatéraux aux ascendants, parce que, si on avait suivi la marche inverse, la proximité de degré et le partage par têtes eussent détruit l'égalité entre les lignes, et condensé les biens dans quelques branches seulement de la famille, ce qui eût été en contradiction avec l'économie de la loi de nivôse.

Sous l'empire du code civil, il faut distinguer les collatéraux ordinaires. Les frères, sœurs ou leurs descendants, fussent-ils parents du simple lien, excluent tous les ascendants excepté le père ou la mère, qui prennent invariablement, quel que soit le nombre des collatéraux privilégiés, chacun un quart de la succession, sans que d'ailleurs le prédécès de l'un augmente la part de l'autre.

L'aïeul et l'aïeule maternels sont donc exclus par le descendant d'un frère utérin, et ce même descendant prend les trois quarts de l'hérédité en présence du père. Ces résultats suffisent, ce nous semble, pour indiquer les vices du système.

Quant aux collatéraux ordinaires, la marche suivie par le code est digne d'être remarquée, car, si on la compare à celle du législateur de l'an II, elle annonce un progrès notable. Le code civil a, comme nous l'avons vu, commencé par introduire séparément, dans chacun des deux ordres, une seule fente entre les deux lignes. Quand vient ensuite leur concours, il ne lui reste plus qu'à préférer dans chaque ligne les ascendants aux collatéraux non privilégiés.

La partie la plus difficile à édifier dans une théorie successorale, c'est sans contredit le concours des collatéraux et des ascendants : aucune des législations que nous venons de parcourir n'a su le régler d'une manière équitable et rationnelle. Presque toutes cependant évitent de donner une préférence exclusive à l'un des deux ordres sur l'autre. Il est même à observer que la loi du 17 nivôse, en plaçant le père et la mère avant la postérité des aïeuls et aïeules, les grands-pères et grand'mères avant celle des bisaïeuls et bisaïeules...., cumule les fortunes sur un petit nombre de têtes, et n'arrive pas à un morcellement aussi complet que si elle avait fait exclure d'une manière absolue les ascendants par les collatéraux.

Voici quel serait notre système : dans l'organisation du concours des collatéraux et des ascendants, nous ne tiendrions aucun compte de l'ordre ou du degré des successibles.

Nous préférerions d'abord, nonobstant les dispositions de la loi de l'an II, la souche aux branches qu'elle a produites, par exemple, le père aux frères, neveux, arrière-neveux ; le grand-père aux oncles, aux cousins germains ou à leurs descendants. Mais, lorsque la souche viendrai t à manquer, elle serait représentée par les branches qui en sont issues : ainsi les frères et les neveux prendraient la place du père ; les oncles et les cousins germains, celle du grand-père. Enfin, comme c'est ordinairement à raison de l'éloignement ou du rapprochement de la souche commune que nous sommes unis plus ou moins intimement avec tel ou tel parent, nous règlerions le concours des collatéraux et des ascendants d'après la proximité des souches, en sorte que les frères, neveux, arrière-neveux, seraient préférés au grand-père; les oncles, cousins germains et leurs descendants, au bisaïeul,

A ces principes, qui ne sont que des corollaires de la représentation à l'infini, nous ajouterions les fentes et refentes introduites par la législation démocratique du 17 nivôse dans l'ordre des collatéraux seulement. Les fentes et refentes conservent les biens dans les familles, en maintenant entre les différentes branches cette précieuse égalité dont le code civil s'est si mal à propos écarté, et que les mourants rétablissent souvent dans leurs dispositions de dernière volonté.

Nous supprimons toute distinction entre les collatéraux. Les consanguins et les utérins n'encourront aucune déchéance, comme dans les législations antérieures à celle de nivôse, mais ils n'auront aucun des priviléges que leur donne le code civil. Ils prendront part seulement dans leur ligne ou dans leur branche, en venant occuper la place de leurs ascendants. De cette manière, les frères, neveux, arrière-neveux, seront exclus par le père dans la ligne paternelle, et par la mère dans la ligne maternelle. Cela doit leur être à peu près indifférent, puisqu'ils recueilleront un jour *en totalité* les biens qui sont actuellement dévolus au père ou à la mère du défunt, qui sont aussi leurs ascendants. Ce qui est surtout important poux eux, c'est de prendre la place de leurs ascendants, lorsqu'elle est vacante. Il est juste alors qu'ils excluent les collatéraux de leur ligne ou de leur branche qui descendent d'une souche moins rapprochée, et les ascendants, qui, s'ils recueillaient l'hérédité, ne la leur retransféreraient pas uniquement à leur décès, mais pourraient en transmettre une partie à d'autres collatéraux, dont ils sont également la souche, et qui ne sont peut-être pas parents du défunt.

Aujourd'hui, lorsque dans une ligne se trouvent des collatéraux ordinaires, et dans l'autre l'ascendant du premier degré, celui-ci a l'usufruit du tiers des biens auquel il ne succède pas en propriété. Nous ne conserverions pas cette disposition destructive de l'égalité entre les lignes et très propre à engendrer des difficultés dans les partages.

L'ensemble de notre système repose sur la combinaison des fentes et refentes successives avec la représentation à l'infini. Ce n'est guère, comme on a pu le remarquer, qu'un amendement de la loi du 17 nivôse an II; il nous a suffi d'en généraliser les principes pour arriver à une théorie plus simple, plus naturelle, plus démocratique. Nous allons en résumer les principales dispositions dans les articles suivants :

Art. 1er. — A défaut de descendants, la succession se partage également entre les deux lignes. Dans chaque ligne sont appelés : d'abord, l'ascendant du premier degré, et, à son défaut, les collatéraux issus de lui.

Art. 2. — A défaut, dans l'une ou dans l'autre ligne, de l'ascendant du premier degré et de ses descendants, la part afférente à la ligne se partage également entre ses deux branches. Dans chaque branche sont appelés : d'abord, l'ascendant du second degré, qui en est la souche, et, à son défaut, les collatéraux issus de lui.

Art. 3. — A défaut, dans l'une ou dans l'autre branche, de l'ascendant du second degré et de ses descendants, la part afférente à chaque branche est dévolue en parts égales à chacune des divisions de la branche. Dans chaque division sont appelés : l'ascendant du troisième degré, et, à son défaut, les grands oncles et grand'tantes issus de lui.

Art. 4. — A défaut, dans l'une ou dans l'autre division, de branches des successibles ci-dessus désignés, on a recours à de nouveaux fractionnements, en suivant toujours la même marche.

Art. 5. — La représentation a lieu à l'infini à l'égard des collatéraux qui sont issus d'ascendants du premier ou du second degré, soit qu'ils concourent entre eux, soit qu'ils concourent avec des ascendants.

Les collatéraux issus d'ascendants d'un degré ultérieur ne peuvent succéder que s'ils sont parents au premier degré desdits ascendants, qu'ils sont d'ailleurs admis à représenter, lorsque leur place est vacante.

Enlever à une personne la faculté de disposer de sa fortune à titre de libéralité, ce serait priver le propriétaire de l'un des droits les plus précieux qu'il ait sur sa chose, et consacrer une violation flagrante de la propriété. Cependant, il est à remarquer que tous les peuples ont apporté à la liberté de donner ou de léguer de nombreuses entraves, dont la nature varie suivant la diversité de leur organisation politique. La constitution démocratique d'une nation dépend essentiellement de la loi sur les donations et les testaments. En une pareille matière, le législateur doit se hâter d'étouffer dans leur germe toutes les dispositions contraires à l'égalité.

La révolution de 1830 a laissé subsister les substitutions introduites par la loi du 1er mai 1826, bien que l'abrogation en ait été votée deux fois par la chambre des députés. Elle n'a pas non plus osé frapper immédiatement les majorats. La République de février ne peut manquer d'anéantir jusqu'aux derniers vestiges de ces deux institutions. La prise en considération de la proposition de M. Parieu (séance du 9 juin), nous semble présager, d'une manière à peu près certaine, le rétablissement de l'ancien texte de l'art. 896 du code civil.

Mais si l'on doit s'efforcer de détruire tout ce qui tend vers l'aristocratie, il faut bien aussi se garder de toucher aux règles protectrices des intérêts légitimes de la famille, et surtout à celles de la quotité disponible. L'humanité et la justice ne cesseront jamais d'imposer à une personne l'obligation de laisser à sa postérité ou à ses ascendants une certaine fraction de son patrimoine. Il n'est pas possible d'accorder à un homme le droit de réduire à la mendicité son père, sa mère, ses enfants, pour gratifier des étrangers, qui, après avoir capté sa bienveillance par d'infâmes manœuvres, viendraient ensuite insulter au malheur de ceux qu'ils ont dépouillés.

Le code civil fournit au père de famille plusieurs moyens de priver ses héritiers de leur réserve ; le plus dangereux de tous est l'aliénation à rente viagère. Ce contrat, si nuisible aux intérêts généraux sous le rapport de la production, ainsi que nous avons déjà eu occasion de le dire, présente encore le grave inconvénient de donner aux égoïstes la faculté de doubler leurs revenus pendant leur vie, sauf à léguer la misère à leurs successeurs. Il serait à désirer qu'on ne pût disposer, à rente viagère, de la portion indisponible de ses biens que dans le cas de nécessité absolue, et après en avoir obtenu l'autorisation des tribunaux.

Les donations entre vifs sont bien moins à craindre pour les familles que les dispositions testamentaires, parce que l'on hésite beaucoup plus à se dessaisir soi-même actuellement et irrévocablement qu'à dépouiller ses héritiers par un acte révocable à volonté. Il eût donc été rationnel d'exiger des formes plus rigoureuses pour le testament que pour la donation. Les rédacteurs du code civil en ont décidé autrement. Au lieu de se contenter pour la validité des donations de prescrire l'authenticité, la transcription et l'état estimatif des meubles, ils les ont entourées de déchéances innombrables, tandis qu'au contraire ils ont simplifié les formes du testament.

Il n'y a cependant aucun fait plus grave, plus important à l'égard des familles que le testament. Il est, certes, aussi fécond en conséquences que le contrat de mariage et la reconnaissance d'enfant naturel, qui doivent toujours avoir lieu dans la forme authentique; et pourtant aujourd'hui le testateur peut dépouiller ses héritiers par un acte sous seing privé dont il n'est pas même tenu d'écrire les dispositions! Que nous sommes loin de cette époque où il fallait une loi votée par les comices pour qu'un citoyen pût transmettre sa fortune à une personne autre que celle désignée par la loi générale!

D'où vient donc que la législation actuelle, tout en posant pour les testaments authentiques des règles plus sévères que pour les actes notariés ordinaires, laisse aux particuliers le choix de formes plus faciles? Est-ce que l'emploi de tel ou tel mode serait subordonné aux différents degrés d'instruction du testateur? Est-ce que, par hasard, on aurait voulu donner un libre champ aux manœuvres frauduleuses, favoriser l'irréflexion des mourants, multiplier enfin à l'égard des familles les moyens de spoliation? Telles sont en réalité les conséquences de l'application du code civil. Nous n'accuserons pas cependant ses auteurs d'avoir eu le descein de les produire. S'ils ont commis un véritable contre-sens législatif, c'est

pour avoir copié les anciennes ordonnances. En emprun-
tant le testament olographe et le testament mystique à
une législation dont la plus vive préoccupation fut toujours de conserver les biens aux héritiers du sang, ils ne
se souvinrent point qu'ils avaient modifié les règles de la
quotité disponible et supprimé les réserves coutumières.

Le testament authentique est le seul, à notre avis, qui
permette de manifester une volonté sérieuse de donner.
La présence du notaire et des témoins est une garantie
nécessaire contre la captation ou la faiblesse.

On objectera peut-être que quelquefois on n'aura pas
le temps d'employer les formes solennelles; que beaucoup
de personnes aimeront mieux mourir intestats que d'a-
voir recours au testament authentique; qu'ainsi on por-
tera atteinte au droit sacré que chacun a de disposer de
son bien à titre gratuit.

A cela nous répondrons que l'on ne doit pas attendre
à la dernière heure de sa vie pour faire son testament; ce
n'est pas quand la maladie affaiblit l'intelligence que l'on
est propre à faire sans assistance un acte qui réclame de
longues et profondes méditations. Rien n'est d'ailleurs
si facile que de trouver un notaire et des témoins. Si par
hasard ils viennent à faire défaut, tant pis pour les im-
prévoyants! le législateur n'a point à s'occuper d'eux. Au
reste, ce n'est pas un mal que le système des successions
*ab intestat*, lorsqu'il est sagement organisé, reçoive une
fréquente application. Enfin l'on ne peut dire que ce soit
violer la liberté de tester que d'exiger des garanties contre
les suggestions ou la fraude. Celui-là n'a pas une volonté
assez ferme, assez libre, pour enlever ses biens à ses héritiers légitimes, qui, se laissant influencer par la peur
d'indiscrétions chimériques ou d'obsessions importunes,
n'ose pas confier ses dernières volontés à des témoins qu'il
peut choisir à son gré, et à un fonctionnaire auquel la

nature de sa profession recommande le silence le plus absolu.

Toute libéralité devrait donc être faite par acte authentique. Il serait en outre nécessaire de prohiber, à peine de nullité, l'interposition de personnes ou le déguisement sous la forme d'un contrat onéreux. Les formalités qui environnent la donation ou le testament ayant pour but de protéger les familles, si on peut les violer impunément, la protection devient illusoire. Il n'est d'ailleurs pas sûr que ceux qui craignent d'adresser directement et ouvertement leurs libéralités au donataire aient une volonté parfaitement libre. L'emploi des subterfuges révèle presque toujours la fraude ou l'immoralité.

L'on devrait aussi annuler les dons ou legs dont l'existence dépend d'une condition impossible ou contraire à l'ordre public. Les lois romaines validaient les dispositions testamentaires soumises à de pareilles conditions : cela s'explique tout naturellement par l'extrême faveur dont les mœurs entouraient alors les institutions d'héritier. Mais c'était commettre une grave méprise que de maintenir un semblable état de choses dans une législation qui tend à conserver les biens dans les familles et à en assurer la dévolution, non plus d'après la volonté de l'homme, mais d'après les règles tracées au titre des successions *ab intestat*. Il y a plus : les auteurs du code civil, en étendant aux donations ce que les jurisconsultes romains n'appliquaient qu'aux testaments, sont arrivés aux conséquences les plus absurdes, et nous ne pouvons croire qu'ils aient bien réellement songé à l'innovation qu'ils ont introduite.

Bien qu'il soit utile d'exiger des garanties sérieuses

pour les dispositions à titre gratuit, il ne faudrait cependant pas tomber dans des rigueurs exagérées. La forme des donations a été, comme nous l'avons déjà dit, inutilement compliquée. Le législateur ne s'est pas non plus toujours montré l'interprète fidèle de la volonté des mourants. Il a, par exemple, dans la matière de l'accroissement et dans celle du legs de la chose d'autrui, étrangement dénaturé les intentions du testateur.

Nous devons encore signaler une réforme au sujet des testaments. Lorsqu'un acte de dernière volonté se trouve revêtu de toutes les formes légales, il reçoit son exécution, quel que soit le laps de temps qui sépare le moment de la confection de celui de l'ouverture. Il y a là pour la famille et pour le testateur un grave danger, car il peut arriver souvent que les intentions du disposant se soient complètement modifiées à l'époque de son décès, sans que cependant il ait songé à révoquer un acte dont il avait en quelque sorte perdu le souvenir. Ne serait-il pas dès-lors éminemment sage, pour éviter toute surprise, qu'un testament fût renouvelé ou au moins confirmé à des époques assez rapprochées ? C'est un point sur lequel nous appelons les méditations des jurisconsultes et des législateurs.

Le code civil est devenu la base de presque toutes les législations européennes ; sa réputation est immense ; ce n'est donc pas sans péril qu'on se hasarde à en demander la réforme. Dieu nous préserve de méconnaître les services qu'il a rendus à la France et à l'humanité ! Toutefois nous ne pouvons nous dissimuler qu'il n'est donné à aucun homme, à aucune assemblée, de poser des limites à l'esprit humain. Les principes de la science du juste se dégagent et se purifient peu à peu avec le temps. Il n'y a pas de législation qui puisse prétendre à la perfection et qui n'ait besoin de modifications successives. Le code civil ne devait pas échapper à cette loi immuable.

Si l'on pouvait encore en douter après tout ce que nous venons de dire, il suffirait pour s'en convaincre de jeter un coup-d'œil sur la théorie des sociétés, empruntée à une époque qui ne connaissait pas l'importance de l'association, et qui ne pouvait prévoir l'influence que lui réservait l'immense développement du commerce et de l'industrie.

N'est-il pas aussi contraire aux notions les plus simples de la justice, qu'un homme puisse ravir la liberté à un autre homme par cela seul que celui-ci est dans l'impossibilité de payer ses dettes, ne fût-il d'ailleurs coupable d'aucune fraude ni d'aucune négligence?

Peut-on dire que la condition des étrangers en France et leur naturalisation soient en harmonie avec l'esprit de notre siècle? Qu'est devenue cette pensée sublime de l'assemblée constituante, qui, supprimant les distinctions de nationalités, voulait que l'humanité tout entière ne fût plus qu'un seul peuple de frères, régi par les mêmes lois, et jouissant du bienfait de la même civilisation?

Qu'est-ce enfin que cette institution absurde qui enlève au condamné dont la clémence sociale a brisé la chaîne, tout ce qui peut le ramener au bien, tout ce qui peut le régénérer: époux, parents, famille, propriétés!

Le code civil est loin d'ailleurs d'être un chef-d'œuvre de rédaction. On y rencontre beaucoup d'éléments hétérogènes, et les matières n'y sont pas toujours classées dans un ordre logique. Il y a quelques lacunes à combler, plusieurs articles inutiles à élaguer, et de nombreuses antinomies à faire disparaître. Il est sans doute dangereux de modifier trop fréquemment les lois, et l'on doit reconnaître qu'un code nouveau présenterait encore de sérieuses controverses. Mais quand la législation fondamentale est presque étouffée sous le poids d'additions, de commentaires et d'arrêts innombrables, quand la jurisprudence en dénature chaque jour le sens primitif, n'est-il pas urgent de la rajeunir? Lorsque la science a posé les principes et déduit leurs conséquences avec précision, le législateur ne doit-il pas se hâter de s'approprier le résultat des découvertes juridiques, au lieu de laisser éternellement dans le doute des questions débattues depuis Labéon ou Proculus? A quoi bon toutes ces discussions qui livrent la justice à l'arbitraire, la loi au mépris, et contraignent le justiciable à descendre presque malgré lui dans l'arène judiciaire?

Enfin n'oublions pas que le code a été rédigé au moment où l'auteur du 18 brumaire, vainqueur des coalitions de l'Europe, passait du consulat à l'empire. Comme toutes les œuvres de cette époque, il porte l'empreinte du génie, mais ce n'est plus le génie de la République. Aussi lui a-t-il suffi de quelques légères modifications pour traverser sans secousses les monarchies constitutionnelles.

A la République de 1848 est échue la glorieuse et difficile mission d'harmoniser la législation civile avec les principes d'égalité et de fraternité qu'elle a proclamés, et de composer sur la propriété et sur la famille un nouveau recueil de lois destiné à faire le tour du monde avec la démocratie, et reposant comme elle sur des bases impérissables.